古典文獻研究輯刊

二九編

潘美月・杜潔祥 主編

第 5 冊

文獻辨僞書錄解題（第四冊）

司 馬 朝 軍 著

國家圖書館出版品預行編目資料

文獻辨偽書錄解題（第四冊）／司馬朝軍 著—初版—新北市：
花木蘭文化事業有限公司，2019〔民 108〕
目 10+162 面；19×26 公分
（古典文獻研究輯刊 二九編：第 5 冊）
ISBN 978-986-485-944-3（精裝）
1. 文獻學 2. 辨偽學 3. 解題目錄
011.08   108011994

ISBN-978-986-485-944-3

9 789864 859443

古典文獻研究輯刊
二九編 第 五 冊   ISBN：978-986-485-944-3

文獻辨偽書錄解題（第四冊）

作　　者　司馬朝軍
主　　編　潘美月　杜潔祥
總 編 輯　杜潔祥
副總編輯　楊嘉樂
編　　輯　許郁翎、王筑、張雅淋　美術編輯　陳逸婷
出　　版　花木蘭文化事業有限公司
發 行 人　高小娟
聯絡地址　235 新北市中和區中安街七二號十三樓
　　　　　電話：02-2923-1455／傳眞：02-2923-1452
網　　址　http://www.huamulan.tw 信箱 hml 810518@gmail.com
印　　刷　普羅文化出版廣告事業
初　　版　2019 年 9 月
全書字數　515880 字
定　　價　二九編 29 冊（精裝） 新台幣 58,000 元　　版權所有・請勿翻印

文獻辨偽書錄解題（第四冊）

司馬朝軍　著

目

次

佛　藏

牟子理惑論・四十二章經

3396　梁啓超，《牟子理惑論》辨僞，飲冰室合集（第九冊）・飲冰室專集之
　　　五十二，北京：中華書局，1989
　　　【解題】《牟子理惑論》爲兩晉、六朝鄉曲人不善屬文者所作，漢賢決
無此手筆。

3397　周叔迦，讀牟子，醒鐘，1931（4）
　　　【解題】《理惑論》爲東晉劉宋間人僞作。

3398　余嘉錫，《牟子理惑論》檢討，燕京學報，1936（20）；余嘉錫論學雜
　　　著，北京：中華書局，1963
　　　【解題】《理惑論》爲後漢牟廣字子博的作品。

3399　松本文三郎（著）、補盧（譯），牟子理惑之述作年代考，中日文化，
　　　1943（5～7）

3400　湯用彤，《牟子理惑論》考辨，漢魏兩晉北朝佛教史，北京：中華書局，
　　　1955

3401　周一良，《牟子理惑論》時代考，燕京學報，1949（36）
　　　【解題】《牟子理惑論》的序和本文時代不一。序和本文一部分是公元
二世紀末或三世紀起頭時牟廣的著作，而許多關於佛教的話都比較遲，大約
是三世紀末或四世紀時加入的。

3402　李世傑，牟子的《理惑論》，臺灣佛教，1963（11～12）

3403　伯希和，牟子考，國立北平圖書館館刊，1932（3）

3404　現代佛教學術叢刊編輯委員會，《四十二章經》與《牟子理惑論》考辨，
　　　臺北：大乘文化出版社，1978

3405　福井康順，牟子的研究，道教基礎的研究，臺北：大乘文化出版社，
　　　1978

3406　福井康順，牟子的研究補述，道教基礎的研究，臺北：大乘文化出版
　　　社，1978

3407　胡適，論《牟子理惑論》，胡適文集（第五冊）·胡適文存四集，北京：
　　　北京大學出版社，2013

3408　胡適，《四十二章經》考證，臺北：大乘文化出版社，1978

3409　梁啓超，《四十二章經》辨僞，臺北：大乘文化出版社，1978

3410　呂澂，《四十二章經》抄出年代，臺北：大乘文化出版社，1978

3411　印順，漢明帝與《四十二章經》，臺北：大乘文化出版社，1978

3412　劉果宗，《四十二章經》考證，臺北：大乘文化出版社，1978

3413　呂澂，楞嚴百僞，中國哲學（第二輯），北京：三聯書店，1980

3414　張綏、常霞青，《四十二章經序》和《牟子理惑論》辨僞，社會科學，
　　　1983（1）

3415　古騏瑛，二十世紀《四十二章經》研究述評，宗教學研究，2006（2）

3416　吳勇，試論《牟子理惑論》之眞僞，宗教學研究，2007（2）

　　　【解題】《牟子理惑論》眞僞問題是如此複雜，不論是肯定它，還是否
定它，都不能找到有力證據；在否認它時應分外小心，在不能確實證明它爲
僞書之前不妨利用它可能具有的史料價值。

3417　李震，《牟子理惑論》年代等問題再檢討，北京大學研究生學誌，2013
　　　（2）

　　　【解題】自明胡應麟首疑《牟子理惑論》成書年代以來，諸家意見大致
可分爲兩派：一派主張作於東漢末年或三國中期以前，另一派則以爲是魏晉
六朝時期的託古僞作。考察各說所以互異，往往在於立論所根據之材料不同
（前一派多從序文史實和正文所見道家、道教形象的角度立言，後者則主要
憑藉作品與漢譯佛經的關係進行考證）。從序文史實、三教關係、經律年代和
傳播源流四個方面入手，系統分疏上述兩派觀點，論證《牟子理惑論》最可

能爲東漢末或三國時期作品。

3418　袁名澤，牟子及其《理惑論》辨僞，廣西社會科學，2014（5）

【解題】根據《中國歷史地圖集》第三冊和《理惑論》序言所言之時空，可視該書成書於漢、魏時之交州，其作者既非「漢太尉牟融」，亦非的「蒼梧太守牟子博傳」，而是蒼梧地區的一位精通儒釋道經典之隱士。根據僞書的界定和該書序言，也可視該書爲僞書。

3419　李騰，《牟子理惑論》眞僞之辨的歷史考察，法大研究生，2015（1）

【解題】世已公認《牟子理惑論》爲佛教入華最早之論書，近代以降，諸位史學大家針對此書成書年代與文本內容進行了甄別，由此產生眾多觀點，進而引發了《理惑論》眞僞之辨。本文對《理惑論》眞僞之辨進行了歷史回顧，進行了系統的梳理小結，並結合近幾十年新發掘之考古新材料，著重與文獻之相互參照與分析，對《理惑論》之眞僞再審視。

3420　元文廣，從語言學角度考證《四十二章經》的成書年代，圖書館研究，2016（10）

【解題】兩漢之際，佛教沿絲綢之路從西域傳入中原，在佛教傳譯過程中產生了早期的漢譯佛典。在早期的漢譯佛典中，《四十二章經》無疑是最受爭議的一部。關於其是否爲最早的漢譯佛典說法不一。文章從語言學角度入手，通過考察經文中的一些佛教術語詞、普通詞、連詞、副詞等使用情況，得出《四十二章經》並非佛教初傳時所譯經典，產生時間應在西晉竺法護之後東晉之前。

3421　楊維中，《四十二章經》新考，宗教學研究，2016（2）

【解題】《四十二章經》在中國佛教的早期傳播中起了較大的作用。現存《四十二章經》的版本也混入了不少大乘思想，特別是有些語句有明顯的禪宗特色。這都是後來流傳過程中好事者妄加進去的，不能依此來論說東漢、三國時期兩種版本的面目，更不能依此而得出此經乃中土摘編而成的結論。中土撰述或在中土摘抄說缺乏基本的文獻支持，不是出於誤解史料就是查無實據。以道安《經錄》未收來懷疑此經非漢代所翻譯，是當代人自設的主觀標準，不足憑信。

其他

3422 徐文明，《四分律序》辨僞，佛學研究，2010

【解題】《四分律序》或謂僧肇之作，但實非當時作品；從其內容和流傳來看，當爲唐朝道宣之後、開元以前之作，也沒有產生太大的影響，沒有太多的史料價值，不能依之來確定《四分律》的翻譯時間、參與人員等問題。

3423 夏金華，論《修禪要訣》是一部僞作，史林，2015（4）

【解題】《修禪要訣》一卷，北天竺佛陀波利隨問略説，慧智傳譯，收入日本《卍新纂續藏經》第六十三冊，內容主要是論述修禪的要領及其注意事項，在我國禪宗寺院還頗有影響。從書中序言的內容、譯者與相關人員之經歷以及所涉歷史典故方面展開討論，以證明這是一部僞作。結論：此書爲我國宋、明之間某位僧人所撰。清代朱盈居士得此民間抄本，請日本僧人智暉撰寫序文，印行流通。此書出自老道禪定經驗者之手，不可因其僞而廢其言。

道 藏

太平經

3424 王明，論《太平經》抄甲部之僞，史語所集刊（第十八本），1948

3425 熊德基，《太平經》的作者和思想及其與黃巾和天師道的關係，歷史研
究，1962（4）

【解題】《太平經》文答體的經文，是襄楷作於延熹八年，上獻於九年
七月之後。散文體與對話體的經文是完全符合所謂「宮崇所獻神書」的内容
的。這部分經文（加上出自這兩類經文的經抄）可以相信是於吉、宮崇等方
士所作的《太平經》本文。

3426 陳衛星，《太平經》作者考，中國文化研究，2007（1）

【解題】關於《太平經》的作者問題，有三種看法：一種認爲是於吉和
宮崇；一種認爲是帛和；一種認爲「是一部集體編寫的道書」。通過考證兩個
「帛和」與於吉的關係，可以肯定兩「帛和」均不可能是《太平經》的作者，
「集體編寫」之說也不能成立，可以認爲於吉就是《太平經》的眞正作者。

周易參同契

3427 季和，《周易參同契》眞僞考緒言，河南教育月刊，1933（10）

3428 潘雨廷，《參同契》作者及成書年代考，中國道教，1987（3）

【解題】《參同契》一書，實爲三人之言。主要作者爲魏伯陽，内容爲
四字句的《參同契》；魏在燕間以《參同契》示徐從事，徐氏爲之印證而更作
五字句爲主的《參同契》；當魏氏回鄉里，更以示淳于翼，翼爲之作《亂辭》

與《鼎器歌》；魏氏又爲之補作《五相類》；如是以觀彭曉所保存的原本，始能文句通順，與古傳之說亦合，進而可考核三人之年齡及成書之時間。

3429 方春陽，《周易參同契》作者考，周易研究，1992（3）

【解題】《周易參同契》上篇作者是徐從事，中篇作者是淳于叔通，下篇作者是魏伯陽。

3430 汪啓明，《周易參同契》作者新證（一）——從史料鑒別看《參同契》爲齊人所著，周易研究，2007（1）

【解題】根據有關《周易參同契》傳世史料的性質和時代先後的不同，將其分爲「唐五代以前的原始材料」和「宋代以後的考釋材料」兩部分，對這些材料的分析表明，《參同契》成書於漢代，是多人合作而著；其作者的籍貫有會稽說、魯國說、鄶國說，而世傳要敬著《參同契》及「三聖」「異人」等均無可稽考，所謂「魯國鄶夫」是原文，「鄶國鄶夫」不可靠，「會稽鄶夫」一語不能確證就是吳越會稽。各家除魏氏外均爲齊人，而魏氏所在的會稽這個地名，也是源於齊魯，《周易參同契》應是齊人所著。

3431 汪啓明，《周易參同契》作者新證（二）——從文本用韻看《參同契》爲齊人所著，周易研究，2007（2）

【解題】古無韻書，《三百篇》即爲韻書：孔子傳《易》，亦不能改方音。而《周易參同契》全書均爲韻語，所以通過用韻來判斷《周易參同契》作者的籍貫，是十分可靠的方法。文章先爲傳世本《周易參同契》作了釐定韻例、編製韻譜的工作，並從中分析其用韻的特點；再根據已有的秦漢方音研究成果參校比勘，説明《周易參同契》具有明顯的齊魯方音的特點，進一步證明它應是齊魯人所著。

3432 汪啓明，《周易參同契》作者地望的文獻學初探，宗教學研究，2008（1）

【解題】歷代學者多認爲《周易參同契》是東漢浙江上虞人魏伯陽所作。通過對文獻的考察與分析，確認「鄶」地並非作者籍貫：「魯國」與「會稽」具有一致性，「會稽」是解開作者籍貫的鑰匙，初步提出今本《周易參同契》的作者非一人而出於眾手，其作者在齊魯、吳越之間。

其他

3433　劉海濤，《南華眞經評注》偽書相關問題考論，圖書館理論與實踐，2014
　　　（2）

　　　【解題】《中國古籍善本書提要》《周秦漢魏諸子知見書目》等書在收錄署名歸有光、文震孟的《南華眞經評注》一書時，均未對本書的眞偽提出異疑，其書中所引眾多名家評語的眞實性問題也爲學界所忽略，故學界在援引時出現了以訛傳訛的現象。陳煒舜、方勇等人在考論時雖然指出此書是坊賈偽作，但此書的編纂、眾名家的批語是否爲本人所作等問題仍困擾著學界。該文即對此做進一步的考論，認爲《南華眞經評注》應是書坊雜抄、刪改眾書而成的著述：署名爲歸有光的眉評及批語究竟爲何人所作，恐怕一時還難以給出確切的答案，但可以確認不是歸有光所作。方勇所列署名爲韓愈、王安石的四條評語皆是出自陸西星的《南華眞經副墨》，因此也就沒有什麼學術價值可言，反而進一步說明《南華眞經評注》對《南華眞經副墨》的抄襲。

辨偽學史

3434 曹養吾，辨偽學史，水荇（東吳大學），1928（1）；古史辨（第二冊），
     北京：樸社，1930

3435 羅根澤，戰國前無私家著作說，古史辨（第四冊），北京：樸社，1933

3436 顧頡剛，戰國秦漢間人的造偽與辨偽，史學年報，1935（2）；古史辨
     （第七冊），上海：開明書店，1941

3437 顧頡剛，中國辨偽史要略，秦漢的方士與儒生，上海：上海古籍出版
     社，1998

3438 鄭良樹，古籍真偽考辨的過去與未來，文獻，1990（2）

3439 杜澤遜，古籍辨偽學小史，古籍整理研究論叢，濟南：山東文藝出版
     社，1993

3440 楊緒敏，中國辨偽學史，天津：天津人民出版社，1999

3441 胡可先，漢代辨偽略說，徐州師院學報，1994（3）

3442 古國順，清代古文《尚書》學述評，中央圖書館館刊，1979（2）

3443 林慶彰，清初考辨群經風氣的探討，復興崗學報，1990（43）

3444 王俊義，論清代學術思想特色與清初經學的復興——兼評《清初的群
     經辨偽學》，哲學研究，1995（5）

3445 葉樹聲，論清儒辨偽，淮北煤炭師院學報，1996（2）

3446 楊緒敏，明清辨偽學的成立及古書辨偽之成就，中國社會科學院研究
     生學報，1999（4）

3447 劉重來，中國二十世紀文獻辨偽學述略，歷史研究，1999（6）

3448 陳力，二十世紀古籍辨偽學之檢討，文獻，2004（3）

3449 王國強，漢代文獻辨偽的成就，圖書館雜誌，2006（4）

【解題】由於崇古的心態、名利的引誘、政治的需要、學術上以求超勝等原因，漢代學者多有偽造文獻以欺世者。自司馬遷開始，劉向、班固、王充、馬融、鄭玄等人不斷從事文獻辨偽，取得了突出成就，發明了一系列可爲典則的文獻辨偽方法。

3450 文偉，明代辨偽學初探，唐山師範學院學報，2006（6）

【解題】明代辨偽學是中國辨偽學歷史長河中一顆璀璨的明珠，在中國學術史上佔據了相當顯著的地位。這一時期參與辨偽的人數之多和學術成就之大遠遠超過前代，對後世產生了巨大的影響，因而這一時期是辨偽學史上最光輝、最燦爛的時期。從明代辨偽學興起的原因和辨偽學者及其成就兩個方面探討明代辨偽學的發展狀況。

3451 王克霞、趙良宇，明代辨偽學的理論創立與實踐，圖書館理論與實踐，2007（5）

【解題】在古代文獻學史中，明代學者受宋元以來的疑古辨偽之風的影響，肆力古學，在辨偽學方面取得了較大發展和重要成就。明人辨偽有理論的重大發展，其成就突出地表現在：系統總結辨偽學理論與方法，揭示了辨偽學的規律，使辨偽學走向成熟；明代學者在偽書考辨的實踐上也有諸多成果，所考之書涉及經史子集四部（既有通考群書眞偽，綜合性地辨識古籍的著作，如宋濂的《諸子辨》和胡應麟的《四部正訛》；又有專著一書辨一部偽書的著作，如梅鷟和他的《尚書考異》）；明代學者的成就對後世古代文獻學的研究與發展起著導夫先路的作用。

3452 邱志誠，《尚書》辨偽與清今文經學——《尚書》辨偽與清今文經學及近代疑古思潮研究（上），中南大學學報，2008（2）

3453 趙良宇，論明代疑古辨偽的學術成就及其影響，求索，2010（2）

【解題】明代學者受宋元以來的疑古辨偽之風的影響，疑古辨偽的學術研究在方法和理論上頗有創見。明代學者在總結前人疑古辨偽方法和經驗的基礎上，提出應從作偽者的生活環境、所處時代、學術思想的脈絡、同時或前後的時代狀況及其在書中遺留的痕跡、文字、文體的變化等多視角來辨識偽書，系統地歸納和總結了辨偽學理論與方法，促使辨偽學走向成熟。在疑古辨偽實踐上，明代學者宋濂、胡應麟、梅鷟等通考群書眞偽、綜合性地辨

識古籍，或專著一書辨一部僞書，成績都較爲顯著。他們爲我們留下了許多辨別古書眞僞的寶貴經驗並對當時的疑古辨僞之風起過推波助瀾的作用，並在理論和實踐上爲清代及近代疑古辨僞學術研究的發展產生了重要的影響。

3454　朱仙林，辨僞與造僞並存──《四部正訛》成書前的明代辨僞學，中南大學學報，2014（4）

【解題】《四部正訛》是明代辨僞學最閃耀的成果，但在其成書前，明代辨僞學卻面臨著許多困境，如豐坊的以僞證僞，楊愼、王世貞等辨僞的同時又造僞。之所以會出現如此複雜的局面，有學者的好奇炫博，有商家的牟利，特別是面對經學復興、文學復古等運動時，辨僞者爲了實現特定的目標，而忽視辨僞或者有意造僞。而《四部正訛》的成書，不僅是胡應麟個人文獻辨僞經驗的總結，還在於能合理地吸收此前學者們的辨僞經驗與教訓。

3455　李少波，清初古籍辨僞學偏差辨析，青海社會科學，2015（1）

【解題】清初之辨僞學氣魄大、口氣大、膽子大、論斷絕對化是這一時期的特徵。此期有的學者進行綜合考辨，考辨對象涉及四部群書，大多數學者是在讀書中提出疑問，在不同意見的爭論中，促進了辨僞的不斷深化。但是，清初辨僞學中存在著以虛律實，以應然否認實然；先入爲主，無視不利證據；前提主觀，論證不嚴密；證據不足，結論武斷等方面的缺陷也是極爲明顯的。

3456　孫新梅，漢代辨僞史略，蘭臺世界，2016（13）

3457　蘇金俠，漢代至宋代文獻辨僞的發展，山東大學碩士學位論文，2017

3458　宋麗婷，唐代辨僞學研究，河南大學碩士學位論文，2018

3459　蘇金俠，從兩宋文獻辨僞之間的差距看文獻辨僞在宋代的分期問題，圖書館研究，2018（1）

【解題】現代學者多將北宋和南宋兩個朝代的文獻辨僞當作一個整體來討論。具體分析北宋和南宋在文獻辨僞學者、文考辨書目數量和文獻辨僞取得的成就等方面，認爲北宋和南宋的文獻辨僞在發展程度上並不處在同一個階段。此外，分析了產生這一現象的原因，認爲造成這一局面的因素主要包括文獻辨僞學科發展的規律、兩宋不同的學風和經濟原因。

辨僞學家

朱熹

3460　錢穆，朱子辨僞學，蔣慰堂七十榮慶論文集，1968

3461　王餘光、錢婉約，朱熹在辨僞學上的成就和影響，四川圖書館學報，1987（4）

3462　曾貽芬，朱熹的注釋和辨僞，史學史研究，1993（4）

3463　楊緒敏，朱熹考辨古書眞僞的成就、方法及影響，河池學院學報，2006（4）

【解題】受北宋以來疑古求實風氣的影響，朱熹在研究經史的過程中，對不少古代典籍的成書年代、内容及作者的眞僞提出了懷疑並進行考證，它大大鼓勵了後世學者對古書疑辨的勇氣，擴大了人們對僞書考辨的視野。

3464　姜龍翔，朱子疑《古文尚書》再探，嘉大中文學報，2011（5）

【解題】《古文尚書》眞僞問題經元、明、清的考證後，幾已確認並非先秦古籍，而諸考證學家多將朱子探討《古文尚書》的言論視爲辨僞思想的啓蒙；然而現代卻有學者明確指出，朱子對《古文尚書》的分析其實並未涉及對《古文尚書》眞僞的致疑，反而焦點集中在對《今文尚書》的懷疑上。詳細考察朱子早年《語類》内容，認爲朱子曾對《古文尚書》的來源及毫無訛損的現象感到疑惑，並且是圍繞在「假書」的命題之下，然而由於沒有深入的證據，朱子並未再延續「假書」的思維，從而把焦點關注於如何對今古文難易之差異提出解釋。因此，朱子對《古文尚書》之疑是非常模糊的概念，但斷言其未曾疑過《古文尚書》則是過論。

3465　姜龍翔，論朱子疑辨《書序》之啓蒙淵源及其義理思維，興大人文學
　　　報，2012（48）

3466　杜春雷，朱熹疑僞詩考辨，宋史研究論叢，2017（1）

　　　【解題】朱熹雖不以詩聞名，但其詩卓然成家，亦頗有可觀。今人整理
《朱子全書》，於《朱子遺集》輯錄朱熹佚詩一卷，良屬難能，然而其中也有
非朱熹所作而誤收他人的作品，對此石立善先生曾指出 13 首之僞，本文則於
此之外，續考辨朱熹疑僞詩《盛家洲》《歲寒堂》《四時讀書樂》《寄石斗文》
《崇眞觀》，共計 8 首。

梅鷟

3467　傅兆寬，梅鷟辨僞略說及《尚書考異》證補，臺北：文史哲出版社，
　　　1988

3468　傅兆寬，明梅鷟、清閻若璩二家辨僞方法之研究，華岡文科學報，1988
　　　（16）

3469　姜廣輝，梅鷟《尚書考異》考辨方法的檢討——兼談考辨《古文尚書》
　　　的邏輯基點，歷史研究，2007（5）

　　　【解題】《尚書考異》可能由梅鷟撰就，由梅鷟續成之。《尚書考異》逐
一抉發晉以前文獻中與《古文尚書》經文蹈襲雷同之處，但無法確證原創與
抄襲；故考辨《古文尚書》的要點，並不在於發現多少蹈襲雷同的證據，而
是需要爲《古文尚書》辨僞確立一個有說服力的邏輯基點；有了這一邏輯基
點，作僞舉證方能顯示其應有價值。

3470　姜廣輝，梅鷟《尚書譜》的「武斷」與創獲，湖南大學學報，2009（3）

　　　【解題】梅鷟《尚書譜》的「武斷」之處表現在：斷定孔壁《古文尚書》
十六篇爲孔安國僞造；斷定東晉《古文尚書》二十五篇爲皇甫謐僞造；否定
《百篇之目》，斷定《尚書》全經七十七篇；臆造「劉向《別錄》古文尚書五
十八篇」篇目，等等。其「創獲」主要表現在：考辨《尚書序》（大序）之僞，
考證鄭沖未見《古文尚書》，考辨晉人《武成》篇之僞。

胡應麟

3471　邵勝定，胡應麟梁啓超僞書鑑別法補正，圖書與情報，1988（2）

3472　戴建庭，胡應麟與古書辨僞，浙江師大學報，1990（3）

3473　曾貽芬，胡應麟與古籍辨偽，史學史研究，1996（2）

3474　倉修良，辨偽學家胡應麟，浙江學刊，1998（5）

　　【解題】對胡應麟的治學精神、辨偽學理論，及其建立辨偽學的因素等問題，作了較詳盡的論述。

3475　王嘉川，論胡應麟對偽書價值的認識，圖書與情報，2004（5）

　　【解題】辨識偽書是中國傳統學術研究中的一項重要內容，但偽書也自有其價值，不可一概棄而了之；胡應麟從四個方面（學術思想、文學、史料、實用），第一次探討了偽書的價值問題。

3476　李鵬，《四部正訛》研究，山東大學碩士學位論文，2008

3477　李鵬，淺析《四部正訛》對偽書史料價值的認識，四川圖書館學報，2009（1）

3478　李鵬，《四部正訛》辨偽思想探析，圖書館學刊，2009（6）

3479　何蕊，胡應麟對辨偽的貢獻，現代語文，2010（2）

3480　許彰明，胡應麟的小說辨偽得失考論——兼論胡應麟辨偽方法的得失，廣西師範學院學報，2011（2）

　　【解題】胡應麟的小說辨偽是他小說研究中的重要組成內容之一，其小說辨偽在承繼前人已有辨偽成果的基礎上，運用「辨偽八法」對疑偽之書綜合辨偽的同時，對有的作品還從小說史的角度作出自己的判斷，顯現出胡氏在小說研究中史家的眼光和對研究對象獨特的藝術審視能力，具有較鮮明的個人特色。但由於其對偽書界定的隨意性與辨偽方法的不科學性，又導致他在小說辨偽的過程中存在主觀臆斷性、隨意性，甚至對同一本書前後相互牴牾等種種不足。

3481　陳保中，梁啓超與胡應麟在偽書價值上的認識比較，呂梁學院學報，2013（6）

　　【解題】明代胡應麟的《四部正訛》是第一部關於偽書辨偽方面的理論方法專著，爲辨偽學奠定了基礎，對後世辨偽學產生了重大的影響；近代梁啓超在繼承《四部正訛》的成果之上，進一步完善了辨偽學的理論方法，可以稱得上是中國近代辨偽學的開山鼻祖。梁啓超對偽書價值的認識已經形成一個系統的理論體系，相較於胡應麟對個體的認識，無疑是巨大的進步。今按：對梁啓超揚之過高。

3482 尹芳，胡應麟諸子學研究，揚州大學碩士學位論文，2018

【解題】胡應麟是有明一代學識通淹的學者，在文獻學、史學、諸子學等諸領域皆頗有建樹。胡應麟還對子部的逸書與偽書進行了詳細地考辨，考述了作者姓與名亡缺、諸子之異書同名及諸子書名怪異等的原因，並在《四部正訛》中運用其獨創之辨偽八法詳細考辨諸子書的眞偽，對偽書的評價也自有其客觀的態度。《九流緒論》三卷是胡應麟專題研究諸子書的著作，從諸子源流、諸子書之流傳、諸子學術之得失、諸子文章之精粗這四個方面論述。諸子源流考述注意到不同學派之間的學術關聯，同一學派又關注其學術蛻變與分化；諸子書流傳考述則關注諸子書的成書時代、名實及篇數。

閻若璩

3483 容肇祖，閻若璩的考證學，嶺南學報，1930（4）

3484 蘇慶彬，閻若璩胡渭崔述三家辨偽方法之研究，新亞書院學術年刊，1961

3485 王保德，閻若璩《尙書古文疏證》駁議，中華雜誌，1969（9～12）

3486 王保德，閻若璩《尙書古文疏證》駁議續論，中華雜誌，1970（10）

3487 王保德，閻若璩不瞭解「同德度義」的意義，學園，1971（7）

3488 王保德，閻若璩妄證德乃降及皋陶係偽帝，學園，1970（1）

3489 王保德，評閻若璩證壁中書出景帝初的無據，學園，1970（4）

3490 王保德，《古文尙書》非偽作新考證，文壇，1970～1971（124～129）

3491 劉善哉，對閻若璩《古文尙書疏證》導疏的反考證，學園，1969（4）

3492 劉善哉，閻若璩攻擊《胤征》的評議，學園，1970（3）

3493 劉善哉，對閻若璩《古文尙書疏證》的反考證，學園，1970（5）

3494 劉善哉，閻若璩攻擊《大禹謨》皋陶邁種德之評議，學園，1970（12）

3495 劉善哉，對閻若璩以孔傳《尙書》用七世廟爲偽文的反考證，學園，1971（5）

3496 錢穆，談張穆著《閻潛邱年譜》——亦論《尙書》古文疏證，中國學術思想史論叢（八），臺北：東大圖書有限公司，1980

3497 王俊義，論閻若璩的治學道路、學術成就及其在清代學術史上的地位和影響（下），松遼學刊，1986（2）

3498 劉人鵬，詮釋與考證——閻若璩辨偽論據分析，清代經學國際研討會

論文，臺北：中研院中國文哲研究所籌備處，1992

3499　于語和，閻若璩《尚書古文疏證》辨僞方法評析，南開學報，1994（5）

【解題】歸納閻氏《尚書古文疏證》辨僞方法爲八種：（1）以歷代圖書目錄的著錄情況及典籍本身的源流演變證僞；（2）以典章制度、天文曆算及地理沿革知識證僞；（3）以文章的休例、風格及所用語言的時代特徵證僞；（4）以考證典籍所載史事證僞；（5）以考查同時代的其他著作及他書徵引的佚文證僞；（6）以揭出僞書的材料來源證僞；（7）以現存金石文字證僞；（8）以實地考察所得結論證僞。

3500　趙剛，論閻若璩「虞廷十六字」辨僞的客觀意義——與余英時先生商榷，哲學研究，1995（4）；中國哲學史，1995（6）

【解題】通過考察朱熹、閻若璩二人對考據地位的不同認識以及在「虞廷十六字」辨僞這一具體學術實踐中的表現的分析，認爲他們之間的距離不只是其同不勝其異，幾乎到了截然對立的程度。在朱子那裡，考證是學術的末流，義理的附庸，其是非得失要先經義理標準的裁定；而在閻氏那裡，考證是學術的基本尺度，一切經學問題，不論其義理何等醇正，都應由文獻考證判斷其得失。這事實上拋棄了朱子壓在文獻考證身上的「義理」重負，空前突出文獻考證在儒學乃至儒家知識主義中的地位，可謂對朱子知識主義傳統的一大變革。反之，閻氏若不能高揚經學研究方法，繼續拘守朱子「尊德性」爲本位的知識主義理論，僅以考證方式爲程朱理學爭正統，就不可能戳穿朱子爲「虞廷十六字」編撰的歷史神話，還原其假古董的本來面目。從崇程朱始以推倒理學「心傳秘訣」終，顯示了從義理主宰考證到客觀考證戰勝主觀立說的思想歷程，即「眞」勝「僞」的軌跡。閻氏的考證意義或在於此。

3501　楊善群，辨僞學的歧途——評《尚書古文疏證》，淮陰師範學院學報，2005（3）

【解題】中國歷史上的疑古辨僞思潮，發展到後來愈演愈烈，有的學者以疑古辨僞作爲自己的癖好，因而產生了許多不實事求是的做法。清代前期閻若璩的《尚書古文疏證》可以說是其中的一個典型代表，該書證僞運用了八種手法（約可歸納爲八大類型：主觀武斷，強詞奪理；顚倒先後，混淆是非；吹毛求疵，故意找碴；信口雌黃，胡亂拉扯；門戶之見，意氣用事；自相矛盾，莫名其妙；虛張聲勢，亂湊條目；二難推理，反正是僞），但絕大部

分證據都似是而非，不能成立。

3502 袁瑋，閻若璩《尚書古文疏證》辨偽成就試論，檔案學通訊，2010（2）

【解題】閻若璩對《古文尚書》進行了系統的考辨，運用「由根柢而之枝節」之法，從文體、篇數、篇名等方面逐一考證，内容詳盡，有根有據，在辨偽發展史上取得了較大的成就。

3503 賈清宇，孟子引《書》論《書》考論——閻若璩《古文尚書》辨偽證據質疑，遼寧師範大學碩士學位論文，2010

3504 丁鼎，「偽《古文尚書》案」平議，古籍整理研究學刊，2010（2）

【解題】從宋代吳棫、朱熹等學者懷疑傳世本《古文尚書》爲偽書以來，歷代學者圍繞這部《古文尚書》的眞偽問題一直聚訟紛紜；清代閻若璩作《古文尚書疏證》之後，經過四庫館臣及後世一些疑古派學者的大力推闡，閻氏把傳世本《古文尚書》判定爲偽書的觀點幾乎被清代與近現代學術界視爲定讞。到上世紀末，隨著我國學術界的思想解放和學術視野的開闊，隨著郭店戰國楚墓竹簡的出土和上海博物館藏《戰國楚竹書》的問世，人們對傳世本《古文尚書》的眞偽問題進行了新的審視和研究；這些新的研究成果證明閻若璩論證傳世本《古文尚書》爲偽書的方法和結論在學理和邏輯上均存在漏洞和軟肋，從而使閻氏的結論發生了動搖。雖然目前徹底推翻閻氏的結論爲時尚早，但起碼說明閻氏的結論遠非定論，是可以繼續探討的。

3505 房德鄰，駁張岩先生對《尚書古文疏證》的「甄別」，清史研究，2011（2）

【解題】在閻若璩《尚書古文疏證》和其他學人辨《尚書》古文之偽的基礎上，結合近年出土的戰國楚簡等相關資料，申論「尚書大序」中古文《尚書》二十五篇説、孔安國獻書作傳説與史實不符，孔安國《傳》中的「金城」、「駒麗」、「南山」是晚於孔安國的人所寫，古文經中的《君陳》、《君牙》、《大禹謨》等乃偽作，從而反駁張岩先生在《審核古文〈尚書〉案》一書中對閻氏《疏證》的「甄別」（即批判）及其爲梅賾所獻古文《尚書》的辯護。

3506 范立舟、臧俊改，閻若璩《尚書古文疏證》的學術價值及其思想史意義，人文雜誌，2011（3）

3507 楊善群，評閻若璩的二難推理——《尚書古文疏證》研究之二，儒家

典籍與思想研究，2012

【解題】閻若璩所著《尚書古文疏證》，以 128 條論據證明古文《尚書》之「僞」，歷來評價極高，但論驗查證，發現其採用了八種不正當的辨僞方法，錯誤叢生，矛盾百出。該文集中剖示其一種辨僞方法——二難推理，歸納出《疏證》進行二難推理的三種程序（將古文《尚書》與他文作比較，若「相同」或「不同」都是「僞作」；從古文《尚書》中找他籍引文，若「有」或「無」都是「僞作」；將古文《尚書》用某標準檢驗，若「符合」或「違背」都是「僞作」），並對其 23 個具體推理作細緻辨析，認爲《疏證》是根據作者的主觀想像進行大膽假設，而用二難推理進行小心求證，但由於這些二難推理嚴重背離事實，存在著眾多無法解釋的問題，因而都是不能成立的。

3508 楊善群，評閻若璩的吹毛求疵法——《尚書古文疏證》研究之三，中國經學（第十二輯），桂林：廣西師範大學出版社，2013

【解題】集中剖析《尚書古文疏證》第二種辨僞方法——吹毛求疵，如他用《周禮》的規定，去挑剔古文《尚書》中夏代、商代文獻的毛病，將其打成「僞作」；說《尚書》「絕不繫以時」（即春夏秋冬「四時」），古文《泰誓》因有「春」字，即被指爲「僞」，然而今文《金縢》中亦有「秋」字，如何解釋？《疏證》的吹毛求疵，其法有五種程序，27 條實例，都是無中生有，是非顛倒，有些是非常可笑的。

3509 楊善群，評閻若璩的虛張聲勢法，傳統中國研究集刊（第十一輯），2013

【解題】集中剖析《尚書古文疏證》第三種辨僞手段——虛張聲勢，它有六種表現方法（胡扯無關《尚書》古文者，拉長篇幅，增加條目；不列證據，隨便拉扯，含糊其辭；宣傳懷疑古文歷史，抄錄別人言論；開列條目而不作文，或只留空架沒有內容；對孔安國傳抓住小節，反覆列條；大談僞書易撰，蠱惑人心），運用這些方法的有 65 條具體實例，佔據全書的半數以上。對於這樣的辨僞方法，必須予以充分揭露，以還原學術史的眞相。

3510 楊善群，評閻若璩的厚今薄古法——《尚書古文疏證》研究之六，國學學刊，2013（4）

【解題】集中剖析《尚書古文疏證》第五種辨僞方法——厚今薄古，它表現在六個方面（祈鬼神盼今文「孤行」；虛構古文亡於西晉之亂；藉《孝經》《禮經》詆毀古文；爲堯舜禹名號改今誣古；查他籍引文保今斥古；用不實

理由揚今貶古），涉及近 20 條具體實例，從這些表現和實例來看，此書不是
在實事求是地進行學術研究，而是用特殊的手段達到特殊的目的。

3511　張靜，《尚書古文疏證》研究述論，黑龍江史志，2013（22）

【解題】《尚書古文疏證》辨《古文尚書》和孔安國傳之偽，在史料鑒
別上可以說是一部極有價值的著作，在辨偽方法上也提供了可貴的經驗。但
是由於時代及作者個人的局限，《疏證》在某些方面存在著不足，隨著我國學
術視野的開闊，學界對其進行了新的審視。該文將《疏證》的研究分為大陸、
港澳臺及海外三部分，從通論綜述、具體問題兩方面來考察。

3512　楊善群，閻若璩的主觀武斷法──《尚書古文疏證》研究之七，古籍
　　　　整理研究學刊，2014（5）

【解題】著重評析《尚書古文疏證》的第六種辨偽方法──主觀武斷，
這種方法運用於各條論據的「疏證」，作者對其謬誤與特點，一一進行擺事實，
講道理，予以詳盡的辨別和考論，以使讀者對閻氏《尚書古文疏證》有一個
比較清楚的認識，反思疑古思潮造成的負面影響，從中得到深刻的教益。

3513　房德鄰，繼承閻若璩遺產，清除偽竹簡霧霾──紀念閻若璩逝世 310
　　　　週年，明清論叢，2014（1）

【解題】閻若璩令人信服地證明了古文《尚書》是偽作，是因為他揭露
了古文《尚書》有「摹擬聲口」的現象。「摹擬聲口」是說古文《尚書》襲用
了舊籍中的文句，之所以知道古文《尚書》是襲用而不是原創，是因為古文
《尚書》對於對應的文句做了屈就己意的修改，從而暴露出襲用。運用這種
方法檢查《清華大學藏戰國竹簡》（壹）中的《耆夜》、《尹誥》、《周武王有疾
周公所以自代王之志》和《上海博物館藏戰國楚竹書》（二）中的《容成氏》，
認為同樣存在「摹擬聲口」的現象，特別是兩簡大量襲用秦漢以後文獻中才
出現的詞語，這些詞語有的是經過長期衍化生成的，有的是在後世特定的社
會環境或者特定的語境下產生的，它們不可能產生於先秦，兩簡中出現這些
詞語是其作偽的鐵證。

3514　楊善群，評閻若璩的顛倒先後法──《尚書古文疏證》研究之五，國
　　　　學研究，2015（1）

【解題】集中剖析《尚書古文疏證》第四種辨偽方法──顛倒先後，它

有胡編他籍文字「竄入」古文《尚書》、臆造古文《尚書》「遺漏」「忘採用」他籍引文等六種方法，涉及近 50 條具體例證，都憑主觀想像，嚴重背離歷史事實。

3515　楊善群，評閻若璩考據的胡編亂造法，黑龍江社會科學，2015（5）
　　　【解題】集中剖析《尚書古文疏證》第七種辨僞方法——胡編亂造，表現在：對孔傳《尚書》作多項指控，與歷史事實完全不符；「精心設計」古文《尚書》各篇的「僞作」過程，純屬主觀想像；爲「證僞」之目的，隨心杜撰離奇故事。

3516　楊善群，評閻若璩考據的自相矛盾法，中華文化論壇，2015（10）
　　　【解題】著重評論《尚書古文疏證》第八種考據方法——自相矛盾，擺事實，講道理，詳細分析其多樣表現方式及形成原因。

姚際恒

3517　董鑄仁，古今僞書考述評，文華圖書科季刊，1931（4）
3518　葉樹聲，論姚際恒辨僞，圖書館工作，1994（3～4）
3519　蔣秋華，姚際恒對《子貢詩傳》、《申培師說》的批評，中國文哲研究集刊，1996（8）
3520　林慶彰，姚際恒與顧頡剛，中國文哲研究集刊，1999（15）
3521　楊緒敏，論姚際恒考辨古書的成就及影響，古籍研究，1999（1）
　　　【解題】姚際恒的辨僞成就主要表現在三個方面：一、對僞《古文尚書》的考辨；二、對《詩序》的考辨；三、對群書的考辨。

3522　楊緒敏，評「清初最勇於疑古的」學者——姚際恒，煙台師範學院學報，2003（2）
　　　【解題】從辨僞學的角度，充分肯定了姚際恒在考辨古籍方面所作的貢獻，同時也指出了其不足。

3523　張穎，從《儀禮通論》看姚際恒的辨僞思想，鄭州大學碩士學位論文，2010

毛奇齡・李塨

3524　林慶彰，毛奇齡、李塨與清初的經書辨僞活動，（高雄）中山大學中國文學系第二屆清代學術研討會論文集，1991

3525 閆寶明，毛奇齡《古文尚書冤詞》探微，古籍整理研究學刊，2005（6）

【解題】閻若璩作《尚書古文疏證》，判定今本《古文尚書》爲僞書，而同時代的毛奇齡則作《古文尚書冤詞》，極力爲《古文尚書》辯護，從而引發了一場學術公案。《冤詞》成爲毛氏學術生涯中的敗筆，但是他在論辨當中崇實黜虛，糾正了不少辨僞者的錯誤，從學術史的角度講，這部表面看起來與辨僞針鋒相對的《冤詞》，恰恰對《古文尚書》辨僞的深入產生了重要影響。

3526 周懷文、經莉莉，毛奇齡《詩經》辨僞述略，聊城大學學報，2012（2）

【解題】辨僞是毛奇齡《詩經》研究中較有特色和成就、價值較高的部分，考辯作品多，涉及內容廣，論據豐富，論證深入，且少有其他作品中習見的粗疏、謾罵風氣，並形成了獨特的辨僞範式，具有鮮明的體式特點，在明清之際的《詩經》學史上具有一定成就與影響。

3527 趙銘豐，程廷祚與毛奇齡——論《古文尚書》考辨異時對話的軸線轉移，（臺灣）「國家圖書館」館刊，2012（1）

3528 劉獻姣，毛奇齡《詩經》學研究，吉林大學碩士學位論文，2016

【解題】在清初學術史上，毛奇齡是一個頗有影響力的學者。他是繼黃宗羲、顧炎武之後實證學風的提倡者。毛奇齡治學主張講求實證，不以空言說經，致力於回歸經典，對以朱熹爲代表的宋學給予激烈的攻擊，對明末清初的學風轉變和學術發展起到了重要作用，對後來的乾嘉漢學的形成有啓迪開創之功。他的治學特點也體現在他的《詩經》學研究之中。第四章通過對毛奇齡《詩經》學辨僞著作《詩傳詩說駁義》一書的分析，指出毛奇齡著意回歸原典的思想。

崔述

3529 錢穆，讀崔述《洙泗考信錄》，綜合月刊，1974（72）

3530 彭林，崔述和《考信錄》，人物，1986（6）

3531 趙光賢，崔述在古史辨僞上的貢獻和局限，史學史研究，1991（2）

3532 曾貽芬，崔述及其《考信錄》簡介，文匯報，1961，9，7

3533 曾貽芬，駁崔述及其《洙泗考信錄》的兩個考證，文匯報，1961，9，7

3534 李劍雄，古史考辨學家崔東壁，文史知識，1984（8）

3535 山塞，對古史辨偽考信事業的貢獻──《崔東壁遺書》，中國社會科學，
1984（5）

3536 呂思勉，讀《崔東壁遺書》，論學集林，上海：上海教育出版社，1987

3537 陶懋炳，崔述《考信錄》初探，史學史研究，1984（1）

3538 陳其泰，《考信錄》──探索科學古史體系的先導名著，文史知識，1989
（9）

3539 趙光賢，崔述在古史辨偽上的貢獻和局限，史學史研究，1991（2）

3540 邵東方，崔述的疑古考信與史學研究──與王元化先生論學，學術月
刊，1992（10）

3541 路新生，崔述與顧頡剛，孔孟學刊，1992（64）；歷史研究，1993（4）

3542 邵東方，崔述與中國學術史研究，北京：人民出版社，1998

3543 邵東方，論胡適、顧頡剛的崔述研究，北京：人民出版社，1998

3544 王健文，一個寂寞的史學家──典範變遷中的崔述，歷史學報（成大），
1992（12）

3545 陳祖武，古史辨的先驅──崔述，歷史月刊，1997（4）

3546 邵東方，經義求眞與古史考信──崔述經史考辨之詮釋學分析，史學
理論研究，1998（1～2）

3547 張利，崔述古史辨偽學說的現代審視，許昌師專學報，2001（3）

【解題】崔述是清乾嘉時期的辨偽學家，廓清舊的古史體系，其反傳統
的批判精神直接爲近代疑古思潮提供了養料；崔述治史有自覺追求證據確
鑿、邏輯嚴密的樸素理性主義精神，十分重視史學方法的總結；崔述以經書
作爲考證古史的唯一準繩，使他在確立可信古史體系上難有作爲。

3548 陳金信，崔述群經辨偽研究，臺北：彰化師範大學國文教育研究所碩
士學位論文，2001

3549 吳量愷，崔述評傳，南京：南京大學出版社，2001

3550 韋勇強，崔述古史考辨理論及方法淺談，廣西右江民族師專學報，2001
（4）

3551 吳少珉、張京華，論顧頡剛與崔述的學術關聯，洛陽大學學報，2002
（3）

【解題】崔述的學術思想是顧頡剛疑古思想的重要來源，其間也存在日
本疑古思想的外來影響，這是可以肯定的。但是，在1923年正式提出「層累

說」以前，顧頡剛還沒有見到日本那珂通世本《考信錄》。其後，他整理編訂《崔東壁遺書》，是以陳履和刻本為底本，並參考了那珂通世的研究成果。關於顧頡剛、崔述與日本學術思潮的關聯，主要有：（1）胡適「極少數人欣賞，多數人不承認」說和錢穆「傳矣而不廣，存矣而不著」說；（2）王煦華「質的變化」說和邵東方「根本差別」說；（3）廖名春「可能接受白鳥庫吉『堯舜禹抹殺論』」說；（4）李慶「中日兩國研究互動」說和錢婉約「共同源頭」說；（5）李學勤「疑古思潮在日本也有進步意義」說。

3552　曾傑麗，崔述與羅爾綱辨偽思想比較研究，南寧師範高等專科學校學報，2004（3）

　　【解題】辨偽是崔述、羅爾綱這兩位史學大師得以成名成家的重要基礎，雖然他們在考辨偽史的範圍、標準、歸結成偽原因側重點等方面各有不同，但都對歷史文獻辨偽做出了巨大貢獻，形成「以小見大」、「剝筍」的思想特色。比較研究他們的辨偽思想，對於豐富中國文獻學的理論以及促進史學的發展，有著重要的借鑒意義。

3553　王記錄、林琳，崔述考信辨偽思想述論，歷史文獻研究，2008
3554　丁偉國，崔述與辨偽，貴圖學刊，2008（1）
3555　黃宣民、陳寒鳴，古史學家崔述的疑古儒學思想，燕山大學學報，2010（1）

　　【解題】生活於清乾嘉之世的崔述，既不篤信當時作為國家意識形態的程朱理學，亦與當時學界主流漢學相異趣，而是提出以疑古辨偽考信為主要內容的學說思想。這思想是對由孔子「知之為知之，不知為不知」的認知態度及孟子「盡信書，不如無書」之說所開啟的中國儒學史上疑辨的精神傳統的繼承和發揚，故其本身亦是獨具特質的儒學思想。崔述及與其並世的姚際恒的學術思想，是作為當時學界潛流的疑古儒學思潮的主要代表。崔氏疑古儒學在上世紀二、三十年代的中國學術界發生過重大影響，對由經學而史學的學術轉換及新史學的形成和發展起了一定作用。

康有為

3556　湯志鈞，新學偽經考辨，出版史料，1989（2）
3557　朱維錚，重評《新學偽經考》，復旦學報，1992（2）

3558 吳劍傑，康有為和他的《新學偽經考》、《孔子改制考》，中國近代思潮及其演進，武漢：武漢大學出版社，1989

3559 張勇，也談《新學偽經考》的影響——兼及戊戌時期的「學術之爭」，近代史研究，1999（3）

【解題】通過對有關重要文獻的重新解讀和部分散見材料的輯訂排比，從文本語境、時代學風、朝局政爭、人事糾紛等的結合、關聯中，更加全面如實地重新估量《新學偽經考》在戊戌時期的影響；並通過對與之有關的幾個典型案例的補充說明，就戊戌時期的所謂「學術之爭」的複雜性提出自己的見解。

3560 佟大群，論康有為的文獻辨偽與晚清社會，社會科學戰線，2012（1）

【解題】《新學偽經考》全盤否定傳世的古文經傳在政治上、學術上都產生了廣泛的影響。康有為的文獻辨偽，其思想性更加突出，它的形式是考據學的引經據典，無徵不信，但其實質則是先入為主，意在經世，僅從「辨偽方法」的角度理解，是不全面的。

3561 陳文采，康有為《毛詩》辨偽學之淵源及其內容與方法，東華漢學，2013（17）

3562 李少波，《新學偽經考》古籍辨偽平議，青海師範大學學報，2015（1）

【解題】《新學偽經考》中的辨偽並非客觀的學術研究，而是思想家手中論證自己先驗思想正確性的工具和打擊論敵的武器。這樣的辨偽事實上背離了辨偽學應然性要求，步入了歧途，其文與學術精神是背道而馳的，有損於學術品德之客觀與誠信。既有傷於學術，無益於思想建設，政治亦不享其利。康有為在歷史上自有其地位，然不在其《新學偽經考》。

3563 劉星，康有為《尚書》辨偽的時代價值探析，人文天下，2018（11）

3564 王小惠，辨別「六經」的真偽——錢玄同對清末康有為反孔資源的接納及轉化，魯迅研究月刊，2018（1）

梁啟超

3565 翁惠美，梁啟超辨偽方法說書後，中國國學，1988（16）

3566 吳銘能，梁啟超的古書辨偽學，臺灣師大國文研究所碩士學位論文，1990

3567　葉樹聲，梁啓超對辨偽學的貢獻，淮北煤炭師院學報，1997（2）

3568　廖名春，梁啓超古書辨偽方法平議，原道，1996；中國學術史新證，
　　　成都：四川大學出版社，2005

　　　【解題】梁啓超關於辨別古書真偽的方法基本上是錯誤的，至少可以說
是有嚴重問題的，簡單地襲用梁氏的方法去判定古書的真偽及其年代，往往
容易造成冤假錯案。其原因有三：一是在價值觀上寧失之疑而勿失之信，寧
信有偽而不信有真；二是在方法論上缺乏辯證觀念與歷史觀念，以今律古，
以今人的著作觀要求古人，不懂得周、秦古書的形成和流傳有其獨特的規律，
將古書自然演變的過程看作有意作偽，將古書流傳中的問題與古書本身的問
題混為一談，將形式上的問題與思想實質上的問題、將局部的問題與主體部
分的問題簡單地劃等號；三是論證多依賴丐辭和默證。

3569　李廷勇，傳統與近代的交融──梁啓超古籍辨偽成就述論，史學理論
　　　研究，2002（2）

　　　【解題】就梁啓超的辨偽成就作一番清理，以示梁氏在此文化思潮中所
佔據的重要地位。

3570　肖慶峰，梁啓超辨偽學思想和方法來源初探，牡丹江師範學院學報，
　　　2009（4）

　　　【解題】就梁啓超辨偽學思想和方法的來源進行初步探討，從古代辨偽
學尤其是清代辨偽學思想和方法、西方近代科學思想和方法、以康有爲爲代
表的近代今文經學等三個方面展開論述。

3571　王娜，淺析傳統偽書與現代偽書的異同──從梁啓超的古籍辨偽學來
　　　分析，圖書館界，2009（1）

　　　【解題】以梁啓超的辨偽理論爲基礎，從類型、危害、原因及辨偽方法
等幾方面對傳統偽書與現代偽書作了一系列的比較。

3572　常蘭會，淺談梁啓超對史料的辨偽方法，蘭臺世界，2009（17）

　　　【解題】從辯證的辨偽方法論（質疑最先、最近原則的方法論；提出反
正的辨偽方法論；以「年代」爲準的博搜旁證的辨偽方法論）、經驗型方法論
（提出局部幻覺與一般幻覺；「先辨偽書、次辨偽事」的辨偽方法論；鑒別偽
事 7 個標準）、梁啓超對辨偽學的影響三個方面來談梁啓超對史料的辨偽方法。

3573　江濤，論梁啓超的辨僞學成就，黑龍江史志，2011（17）

【解題】主要闡述了梁啓超在辨僞的必要性、辨僞的種類和辨僞方法等幾個方面的貢獻，並將其理論進行了梳理，歸結出他的辨僞學思想特點。

3574　彭樹欣，梁啓超：現代辨僞學研究第一人，蘭臺世界，2012（1）

3575　李長銀，導夫先路：梁啓超與「古史辨運動」，北京社會科學，2014（12）

【解題】在一定意義上，梁啓超應該被視爲「古史辨運動」的導夫先路者之一。在「古史辨運動」的整個歷史進程中，無論是「古史辨運動」中的主要學說，還是共同討論的一些關鍵性問題，甚至《古史辨》相關幾冊的編輯，均與梁啓超的相關撰述有著極爲密切的關係。這一事實的挖掘，有助於進一步探討「古史辨運動」的「學源」問題及20世紀20年代的梁啓超在「新漢學」中的角色定位問題。

3576　李正輝，由《古書眞僞及其年代》看梁啓超的辨僞學思想，蘭臺世界，2015（10）

【解題】梁啓超是現代辨僞學的奠基者，他在繼承前人辨僞理論的基礎上，又有創造性發展，主要體現在剖析僞書的危害、設置科學的僞書分類、提出系統的辨僞方法等幾個方面。

顧頡剛與《古史辨》

3577　錢玄同，答顧頡剛先生，讀書雜志，1923（10）

3578　劉掞藜，讀顧頡剛君《與錢玄同先生論古史書》的疑問，讀書雜志，1923（11）

3579　胡堇人，讀顧頡剛先生論古史書以後，讀書雜志，1923（11）

3580　錢玄同，研究國學應該首先知道的事，讀書雜志，1923（12）

3581　劉掞藜，討論古史再質顧先生，讀書雜志，1923（13～16）

3582　胡適，古史討論的讀後感，讀書雜志，1924（18）

3583　李玄伯，古史問題的唯一解決方法，現代評論，1924（3）

3584　丁文江，論禹治水說不可信書，古史辨（第一冊），北京：樸社，1926

3585　魏建功，新史料與舊心理，北京大學國學週刊（第15期），1926，1，20

3586　周予同，顧著《古史辨》的讀後感，文學週刊，1926，7，11

3587　王伯祥，讀《經今古文學》和《古史辨》，一般，1926，9，5

3588　陸懋德，評顧頡剛《古史辨》，清華學報，1926（2）

3589　紹來，整理古史應注意之條件——質顧頡剛的《古史辨》，益世報，1928，12，3

3590　錢穆，評顧頡剛《五德終始說下的政治和歷史》，大公報，1931，4，13

3591　范文瀾，與頡剛論五行說的起源，史學年報，1931（3）

3592　陳槃，寫在《五德終始說下的政治和歷史》之後，古史辨（第5冊），北京：樸社，1935

3593　郭沫若，評古史辨，古史辨（第7冊），上海：開明書店，1941

3594　童書業，古史辨派的階級本質，文史哲，1952（3）

3595　楊向奎，古史辨的學術思想批判，文史哲，1952（3）

3596　顧頡剛輯，古籍辨偽叢刊（第一輯），北京：中華書局，1955

3597　李錦全，批判古史辨派的疑古論，中山大學學報，1956（4）

3598　吳澤、袁英光，古史辨派史學思想批判，歷史教學問題，1958（10）

3599　吳澤，五四前後疑古思想的分析和批判，歷史教學問題，1959（4）

3600　佚名，著名歷史學家顧頡剛先生逝世，人民日報，1980，12，30

3601　楊向奎，論「古史辨派」，中華學術論文集，1981

3602　蔡尚思，顧頡剛創立的新疑古派——《古史辨》派作用的具體分析，社會科學戰線，1981（4）

3603　白壽彝，發揚破除迷信、追求新知的研究精神——悼念著名　史學家顧頡剛先生，人民日報，1981，2，19

3604　蔡尚思，顧頡剛先生治學的幾個特點，文史哲，1981（6）

3605　余英時，顧頡剛、洪業與中國現代史學，中國史學研究動態，1981（8）

3606　莊葳等，從《古史辨》看顧頡剛的洽學方法，蘇州大學學報，1982（1）

3607　馮菊年，顧頡剛與《古史辨》，文匯報，1982，6，7

3608　楊寬，顧頡剛先生與《古史辨》，光明日報，1982，7，2

3609　程兆奇，重讀《古史辨》仍然使人們感受到熱烈的挑戰精神，讀書，1982（8）

3610　方詩銘，顧頡剛與《古史辨》，書林，1983（4）

3611　顧頡剛，我是怎樣編寫《古史辨》的，文史哲學者治學談，長沙：嶽麓

書社，1983

3612　莊葳、郭群一，考辨古史，廓清迷霧——評《古史辨》，史學月刊，1984（1）

3613　周春元，論古史辨派的史學，史學史研究，1984（1）

3614　施耐德（Schneider，LauenceA），梅寅生譯，顧頡剛與中國新史學，臺北：華世出版社，1984

3615　余英時，中國近代思想史上的胡適，臺北：聯經出版事業公司，1984

3616　許冠三，新史學九十年，香港：中文大學出版社，1986

3617　劉起釪，顧頡剛先生學述，北京：中華書局，1986

3618　王煦華，古史辨派與先秦史研究，文史知識，1986（6）

3619　王煦華，一本論述漢代學術與政治關係的名著：讀顧頡剛先生的《秦漢的士與儒生》，文史知識，1987（6）

3620　江寧，當代史學流派介紹——古史辨派，文史哲，1987（5）

3621　鄭良樹，顧頡剛學術年譜簡編，北京：中國友誼出版公司，1987

3622　王汎森，古史辨運動的興起，臺北：允晨文化實業公司，1987

3623　陳寒鳴，試論顧頡剛先生的疑古思想，蘇州大學學報，1988（3）

3624　劉俐娜，顧頡剛與古史辨派，近代史研究，1988（4）

3625　叢小平，古史辨派科學方法簡論，陝西師大學報，1989（2）

【解題】懷疑方法和假設方法是古史辨派認識的起點和主要方法，其理論基礎是近代實證主義。古史辨派的科學方法批判了經學方法的權威主義和信仰主義，以科學方法代替經學方法。他們批判地繼承了樸學的優秀傳統，又使之與西方科學方法相結合，並注重了方法論程序的建設。今按：古史辨的消極影響也是巨大的。

3626　魯毅，顧頡剛與古史辨派的新考據學，史志文萃，1989（5）

3627　劉俐娜，王國維治史思想、方法與古史辨派，王國維學術研究論集（第3輯），上海：華東師範大學出版社，1990

3628　王煦華，古史辨派對孔子的研究和評價，孔子研究，1990（2）

3629　彭明輝，疑古思想與現代中國史學的發展，臺北：臺灣商務印書館，1991

3630　羅厚立、葛佳淵，跨世紀的啟示——從章太炎到《古史辨》，讀書，1991（10）

3631 張岱年，古史研究的新成就──讀《古史辨》，光明日報，1991，12，
19

3632 劉起釪，古史續辨，北京：中國社會科學出版社，1991

3633 趙光賢，顧頡剛與《古史辨》，史學史研究，1992（1）

【解題】顧頡剛繼崔述之後，打破六經的束縛，對關於古史的僞書僞史
作一番清理的工作，提出「層累地造成古史說」，這個路子是對的，意義是重
大的；但誤信康有爲的邪說，認他的謊言爲考證，上了他的當，這是錯誤的。
今按：此論較爲持平。

3634 余兼勝，顧頡剛古史觀的形成與其古今文經學認識的關係，歷史教學
問題，1992（3）

【解題】主要分析顧頡剛「層累地造成的中國古史」觀與其對古今文經
學認識的關係，時間上以1923年正式成文公佈此一史觀爲限。

3635 周明武，顧頡剛疑古辨僞所體現的學格人格略論，歷史教學問題，1992
（6）

3636 胡新生，略論古史辨派的古史研究方法，史學月刊，1993（6）

【解題】「古史辨」學者提出的辨僞結論是否可信，往往在很大程度上
取決於他們運用的研究方法是否正確。從這種意義上說，分析「古史辨」派
研究方法的得失，是準確估價該學派學術成就的關鍵。該文分「歷史演進的
方法」、「默證法及其他」兩個部分來論述。

3637 羅義俊，錢穆與顧頡剛的《古史辨》，史林，1993（4）

3638 高增德，試論學術流派的意義及其價值：兼論顧頡剛創建的古史辨學
派，學術論叢，1993（5）

3639 胡繩，由顧頡剛的「古史辨」提出一個問題，北京日報，1993，11，30

3640 顧潮，顧頡剛年譜，北京：中國社會科學出版社，1993

3641 胡繩，顧頡剛古史辨學說的歷史價值，學習與探索，1994（3）

3642 顧洪，論古史辨學派產生的學術思想背景，中國文化研究，1995（2）

3643 路新生，「古史辨派」疑古思潮中的科學性及其偏頗，北京日報，1996，
8，24

3644 王樹民，《古史辨》評議，河北師院學報，1997（2）

3645 侯雲灝，論「古史辨」派史學評價的幾個問題，史學史研究，1997（2）

【解題】該文闡述了史學界對「古史辨派」史學評論的歷史，提出應從「古史辨」在中國近代史學史上的地位及歷史使命、「古史辨」寓致用於求眞的史學實踐以及「古史辨」對歷史認識特點的探討等三個方面來評價「古史辨」的實踐與價值。

3646 以舟，70 年論說不斷《古史辨》，炎黃春秋，1999（1）

3647 陳其泰，「古史辨派」的興起及其評價問題，中國文化研究，1999（1）

【解題】顧頡剛古史辨僞學說，不僅是傳統學術中疑古風氣的發展，而且是在五四時期中西學術交融這一意義重大的思想文化思潮的有力推動下而興起的。它是當時西方強勁傳入的新學理，尤其是科學理性精神，批判、審查史料的方法，重視邏輯、系統和「歷史演進」的方法，與傳統學術中乾嘉嚴密考證方法，今文學派猛烈批判千百年來禁錮人們頭腦的泥古、守舊、僵化思想體系的懷疑和進取精神，互相結合的產物。其貢獻在於：（1）「古史辨派」的古史辨僞工作，旨在推翻舊的臆造的古史體系。（2）由於臆造的舊史體系，是與一千多年來束縛人們頭腦的封建「道統」相一致的。（3）「古史辨派」尤其是顧頡剛本人，對於古史辨僞和古書辨僞，作了範圍廣闊的考辨工作，涉及許多歷史問題和各種重要典籍。（4）顧氏在學術上「求眞」的精神，對於學術問題「平等」討論的態度，也值得肯定。其局限在於：（1）未能注重結合考古發現來考辨古史，致使「古史辨」在一定程度上變成「古書辨」。（2）有的地方懷疑過頭，因而造成「玉石俱焚」。（3）在研究方法上存在有不當的地方：一是張蔭麟先生曾指出「古史辨派」過分地使用默證法；二是有時對於史料不能做到審慎地處理，抹殺不利於自己的證據；三是他們對於摻雜神話的傳說和純粹神話的界限不清，且誇大先秦各學派所述的古史歧異（其實他們相同的地方實在更多）。今按：此文較爲持平。

3648 林慶彰，姚際恒與顧頡剛，中國文哲研究集刊（第十五期），1999

3649 林慶彰，鄭樵與顧頡剛，泰安師專學報，1999（2）

【解題】討論鄭樵學術思想的特色、顧頡剛研究鄭樵之經過和鄭樵對顧氏的影響。鄭氏在學術思想方面有博學多聞以求會通、批判傳統勇於創新兩點特色；顧氏是民國 10 年（1921）秋冬之間開始輯集鄭氏的《詩辨妄》，全書於民國 22 年（1933）出版，在輯集過程中，又完成《鄭樵著述考》、《鄭樵傳》兩篇，刊於《國立北京大學國學叢刊》，至於鄭氏對顧頡剛的影響，可分

啓發孟姜女故事的研究，啓發《詩經》研究的新方向兩點。

3650　陳勇，疑古與考信——錢穆評古史辨派的古史理論，學術月刊，2000
（5）

【解題】自 1923 年顧頡剛發表《與錢玄同先生論古史書》、提出古史層累造成說引發古史大討論以來，對古史辨派古史理論的評價便不絕於書，其中錢穆先生的評價就頗具有代表性。錢穆對古史辨派的評價大致經歷了一個由正面肯定到基本否定的過程。20 年代末 30 年代初，他對古史辨派正面肯定的居多；30 年代中後期，在《國史大綱》中，針對顧頡剛的古史層累造成說提出了古史層累遺失說，認爲古史固然有層累造成的一面，同時也有層累遺失的一面，而且後者更爲重要，尤需研究，不能只強調前若而忽略後者；自 40 年代特別是錢穆居港臺以來，他對古史辨派否定性的評價主要是從民族文化立場著眼立論的，對古史辨派批評的言論轉多，幾近全面否定。

3651　趙利棟，《古史辨》與《古史新證》——顧頡剛與王國維史學思想的一
個初步比較，浙江學刊，2000（6）

【解題】顧頡剛與王國維是中國近代史學上極具代表性的人物，「古史辨」與「古史新證」都對中國古史研究產生過很大的影響。該文通過對二人的學術淵源、史學方法以及對於後世影響的初步比較，指出顧氏疑古思想的複雜層面和王氏古史新證的局限性，同時亦指出無論「古史辨」和「古史新證」都是對中國近代文化危機的一種反應。

3652　吳少珉，近 50 年來「古史辨派」研究述評，洛陽大學學報，2000（1）
3653　楊慶中，論古史辨派的易學研究，首都師範大學學報，2001（2）

【解題】古史辨派考證《周易》的目的，是「打破漢人的經說」，「破壞其伏羲神農的聖經的地位而建設其卜筮的地位」，「辨明《易十翼》的不合於《易》上下經」；爲此，他們重點討論了《周易》經傳的成書年代和作者、《周易》經傳的性質及關係、孔子與《周易》經傳、《周易》一書的結構等問題，這些討論對於傳統易學造成了極大衝擊；從學術發展史的立場看，他們的考證難免有疑古過勇之譏。

3654　張利，顧頡剛對崔述古史辨偽學說的繼承和超越，浙江學刊，2001（2）
【解題】顧頡剛提出的「古史辨」學說，其中有關上古帝王世系和五德

終始說等理論觀點繼承了崔述的古史辨偽學說。然而，在治史目的、方法以及構建古史體系上，顧頡剛則另闢史學蹊徑，大大超越了崔述之學；並在「五四」這一特定歷史時期進一步發揚崔述思想中蘊含的近代因素。

3655 顧頡剛，我與《古史辨》，上海：上海文藝出版社，2001

3656 杜蒸民，郭沫若對顧頡剛和《古史辨》史學的科學批判，郭沫若學刊，2002（1）

3657 張利，西方史學的傳播與古史辨派的產生，許昌學院學報，2003（1）

【解題】20 世紀初，西方的史學思想，尤其是進化論、實用主義和實證主義史學傳入中國，更新了人們的思想觀念，掀起了追求科學的浪潮，促進了中西學術的交流，也形成了我國現代史學史上名噪一時的「古史辨派」。

3658 雷戈、藺學才，《古史辨》中史學評論的基本特點，聊城大學學報，2003（2）

【解題】《古史辨》中有關史學評論的內容有六個特點，即系統性、專題性、自覺性、理論性、客觀性、社會性。從觀點上說，它不是某一家正統的學術家族內部的你爭我奪，細節糾纏，而是在多家不同的學術觀點之間進行的大是大非問題之辨；從目的上說，它不是為了爭奪對道統的擁有權、獨佔權和發言權，而是為了追求學術、自由和真理；從態度上說，它不是從等級出發去以權壓人，以勢凌人，而是從平等的立場出發去以誠待人、以理服人；從影響上說，它開創了一種以理性為基礎的自由學術批評的現代傳統，它標誌著中國現代學術和現代史學的正式形成。今按：此論揚之過高。

3659 田旭東，《古史辨》及疑古學派之我見，西北大學學報，2003（3）

【解題】從對《古史辨》及疑古學派的代表人物顧頡剛、胡適等人的研究方法、治學態度等進行具體分析入手，主要論及這一學派的功過得失以及近一個世紀以來對中國學術界產生的巨大影響。由於古史辨在疑古時，經常「抓其一點，不及其餘」，因此他們對古代的否定常常有些過頭，造成「玉石俱焚」；疑古學派把先秦古書的年代普遍往後拉，把許多書都說成是劉歆偽造或更晚的偽造；以顧頡剛為首的古史辨學派在研究、考辨中國古史時未能注重結合考古學發現的成果，致使古史辨始終是以古書論古書，不能跳出在書本上做學問的框框，在一定程度上可以稱之為「古書辨」，這大概亦可認為古史辨學派在方法論上的一個致命的缺陷。

3660　沈頌金，論古史辨的評價及其相關問題——林甘泉先生訪問記，文史哲，2003（2）

【解題】「古史辨」疑古所疑的主要是三皇五帝的古史系統，並不是對一切古史都懷疑。「古史辨」之前已有疑古，之後也應該有疑古精神，不能把信古、疑古、釋古截然分開和絕對化，中國古代史研究也不是這三個階段的問題，「走出疑古時代」的提法不合適。

3661　沈頌金，試論「古史辨」與考古學的關係，齊魯學刊，2003（5）

【解題】以古史重建為宗旨的考古學得以在中國迅速發展，主要得益於古史辨派。古史辨重在破，考古學偏於立，兩者之間存在著內在的邏輯因果關係。

3662　王小婷，錢穆與古史辨派，泰山學院學報，2003（5）

【解題】錢穆與 20 世紀的古史辨派有複雜的關係：他早年受其影響，論著不乏疑古精神，但後來又批評古史辨派，到晚年批評得尤為厲害，原因是對古史辨派的破立觀、對神話傳說的態度及古史研究方法持有不同觀點；錢穆對古史辨派的批評為 20 世紀中國學術的發展作出了貢獻。

3663　王新勇，論「古史辨」運動與中國先進文化前進方向的關係，湖北民族學院學報，2003（6）

3664　王樹民，「古史辨」的主要論點是討論了「大禹是條蟲」嗎？，文史知識，2003（9）

3665　劉起釪，古史辨與恩格斯的唯物史觀，考古學研究，2003

3666　韋勇強，顧頡剛「古史層累說」的形成及意義，廣西師範大學學報，2004（2）

3667　趙沛霖，論古史辨派的《詩經》研究，學術研究，2004（3）

【解題】古史辨派的《詩經》研究有其歷史必然性，顧頡剛繼承和發揚鄭樵、姚際恒的學術傳統，對《詩經》進行辨偽，並非出於單純的學術興趣，而是五四時代精神使然。古史辨派《詩經》研究的特點是：一、對傳統《詩經》學進行猛烈批判，始終體現了一種學術批判精神；二、樹立了建設新的《詩經》學的學術目標；三、自由探討，平等交流，進行正面學術交鋒。

3668　羅義俊，顧頡剛和「古史辨」拾遺——作於「紀念顧頡剛先生誕辰 110

週年學術座談會」後，史林，2004（3）

3669 晁天義，「古史辨」派與 20 世紀的《春秋》性質研究，甘肅社會科學，2004（4）

【解題】「古史辨」派在 20 世紀初發起並主導了一場關於《春秋》性質問題的討論，在當時社會反封建思潮的鼓動下，他們繼承並發揮了傳統今文經學家的懷疑精神和古文經學家的「六經皆史」說，得出「孔子不作《春秋》」、「《春秋》爲史學著作」等錯誤結論；「古史辨」派的《春秋》性質研究對整個 20 世紀的《春秋》研究產生了消極影響，也制約了此間經學史、史學史領域相關問題的研究。

3670 章原，古史辨《詩經》學研究，復旦大學博士學位論文，2004

3671 劉開軍，顧頡剛對「古史辨」的自我反思，淮北煤炭師範學院學報，2005（6）

【解題】顧頡剛在「古史辨」興起的學術淵源、研究內容、學術宗旨等問題上，都有自己的看法或反思——「古史辨」之興起乃是多種因素的匯合，是古與今，中與外交融的學術結晶，即懷疑的精神和歷史演進的方法；「古史辨」即史家的考辨古史，所辨內容是僞書、僞事、僞史，三者不可割裂；「古史辨」是一項長期的、開放的學術事業，有它自己的路徑和旨歸，破壞是手段，建設才是目的。今按：古史辨派破壞有餘，建設不足。

3672 李揚眉，方法論視野中的「古史辨」派，山東大學博士學位論文，2005

3673 王法周，從《古史辨》看 1920 年代史學中的西學觀念與方法，「西方思想在近代中國」會議論文，2005

3674 謝中元，論古史辨派以歌謠釋《詩經》的動因和詩學意義，海南大學學報，2006（1）

【解題】古史辨派《詩經》學是傳統《詩經》學向現代《詩經》學過渡的重要階段，他們解構經典，用民間歌謠作比較認識《詩經》的文學性質。古史辨派學者從歌謠研究走向民間，又以民間視野反觀《詩經》，把它當作中國古典乃至現代詩歌的生命出場，其中蘊含著他們對民間的獨特看法。民間一般分爲三個層面：現實的自在民間文化空間；具有審美意義的民間文化空間；知識分子的民間價值立場。以胡適、顧頡剛、劉半農、沈尹默、周作人、常惠、董作賓等爲代表的古史辨派學者，前期以《歌謠》週刊爲核心，搜集、

倡導民間文學，把《詩經》置於「民間語境」，發現了民間文化整體的詩性美學意義。因爲他們對「民間」充滿了浪漫想像，所認同的不是現實的自在的文化空間，而是與此相關又有重大區別的文化審美的民間；他們所發現的「詩的成素」更多的則是那種未被禮教束縛的「民間性情」。民間能夠釋放審美的因子，也可以生產齷齪的「文本」。民間與好詩不能完全劃等號，而好詩也非民間完全涵括。如果認爲民間的就一定是好詩，兩個概念的「所指」就被置換了，民間也將滑向無限膨脹的超級「能指」，那將是對民間的神聖化、虛擬化想像。

3675　張京華，《古史辨》辨名，雲夢學刊，2006（1）

　　【解題】1926 年 6 月《古史辨》第一冊的出版，是現代疑古思潮與「古史辨派」的形成標誌，但由於此書的題名使用了一個單字「辨」，而「辨」字自古代至近代一向與「辯」字通用，因此《古史辨》的「辨」既有「辯論」的含義，又有「辨僞」的含義，具有較大的模糊性。在陳述自己的學術研究即對內而言，顧頡剛多側重於《古史辨》的辨僞性質，而在彙編學者的爭鳴文章即對外而言，顧頡剛多側重於《古史辨》的討論性質：在 1923 年 5 月公開發表《與錢玄同論古史書》以前，顧頡剛對《古史辨》的闡釋多側重於辨僞的性質，而在這篇書信發表之後，顧頡剛對該書的闡釋多側重於討論的性質；在爲《古史辨》題名時，這種「辨僞」與「討論」的二重心跡則通過一個單字「辨」而隱含了起來，此一字之別非出偶然，而實與現當代學術史的發展背景密切關聯。

3676　張京華，《夏史三論》與古史辨派的治學取向，殷都學刊，2006（2）

　　【解題】重點分析顧頡剛、童書業發表於 1936 年的合著《夏史三論》，藉以說明古史辨派學者的研究方法和學術取向，逐次引述文中的明顯錯誤 18 處，說明此文的結論和推理基本上是不能成立的。

3677　張京華，古史辨派的研究方法與材料別擇——顧頡剛《三皇考》讀後，
　　　　懷化學院學報，2006（10）

　　【解題】以顧頡剛爲代表的古史辨派，產生於 20 世紀初西潮泛濫之際，其理論方法雖以實驗主義爲標榜，實際上則始終以「對二千年之中國傳統史學予以毀滅性的打擊」的目標結論爲預設；自由、獨立觀念滲透在學術之中，則有以百姓店鋪流水帳簿與六經正史意義等同的史料學出現，誤解「六經皆

史」爲「六經皆史料」，經史子集的源流等差亦全然泯減，而史官遂盡失職守。

3678　錢婉約，顧頡剛與《古史辨》，光明日報，2006，11，28

3679　池田知久、西山尚志，出土資料研究同樣需要「古史辨」派的科學精
　　　神——池田知久教授訪談錄，文史哲，2006（4）

　　【解題】出土資料研究並不能成爲否定疑古思想的理由，考古發現只會
修正若干古史辨派的結論，而不能從根本上動搖其科學基礎；從根本上講，「疑
古」並不只是某一時代的產物，也不只是一時的思潮，而是一種貫通古今、
不分國別的科學精神，出土資料研究也完全需要疑古派學者的研究方法和科
學精神；現在所做的出土資料研究其實也是疑古派所做工作的一部分，是他
們的工作在新時代的延伸。今按：不能把「疑古」與「科學精神」劃等號。

3680　劉錫誠，顧頡剛與「古史辨」神話學——紀念《古史辨》出版80週年，
　　　長江大學學報，2006（4）

　　【解題】以《與錢玄同先生論古史書》（1923年）爲起點，顧頡剛所代
表的「古史辨」派古史研究和神話學，以「疑古」「辨僞」爲思想武器、「古
史即神話」爲理念，把與古史糾纏爲一體的古神話剝離出來。他的「層累的
造成的古史觀」亦即神話觀和「歷史演進法」，開了系統地梳理與研究中國古
神話（古史傳說）的先河，爲中國神話學的創立鋪設了一塊基石，成爲中國
神話學初創時期西方人類學派神話學之外的又一重要學術淵源和流派。「古史
辨」神話學的特點，在神話學研究中被概括爲「古史的破壞、神話的還原」。

3681　沈長雲，古史辨派的史學遺產與中國上古史體系的建設，史學集刊，
　　　2006（4）

　　【解題】疑古精神、對進步史觀的積極追求與接納的態度、對古史資料
考信而後用之的原則、注重歷史與考古研究結合的治史方法，以及建設新古
史體系的設想，是古史辨派留給我們的史學遺產，搞好新古史體系建設必須
繼承古史辨派史學遺產。今按：也要揚棄其糟粕。

3682　張京華，顧頡剛：新中國建立後的學術定位及其最後遺憾，雲夢學刊，
　　　2007（1）

　　【解題】顧頡剛先生創建「古史辨派」，從20到40年代經歷了由實驗
主義到今文家言，由經學到史料學，再由史料學到神話學的轉變過程；新中

國建立以後雖然作爲學術主流的「古史辨派」已經消失，但顧頡剛個人的疑古辨偽方向始終未變；從中國考古學的角度觀察，顧頡剛對考古學的過於熟知，導致了他對考古學的冷漠態度，並最終導致了他古史研究的重要缺憾。就上古史的研究方面而言，邏輯上的推論即使可通，仍然含有危險性，現代人按照自己的經驗推導出來並認爲沒有邏輯錯誤的推論，並不一定就是對的，這一點已爲不止一件事例所證明。

3683 張京華，辨偽學與辨偽史的再評價——顧頡剛《中國辨偽史略》讀後，咸陽師範學院學報，2007（1）

【解題】顧頡剛先生在其爲《崔東壁遺書》所作的長篇序言中，對中國學術傳統中世官世疇的王官之學、「良史」和「實錄」史學典範、《春秋》義例等編纂體例、「微言大義」與「實事求是」的今古文經學傳統等內容均視而不見，認爲中國自先秦兩漢以來都「缺乏歷史觀念」，完全以「造偽」與「辨偽」一組概念解釋中國學術傳統，其厚誣古人的不寬容態度以及缺乏理性的治學態度都是不應該出現的，由此而演生的「造偽史」與「辨偽史」的中國學術史的詮釋體系也是不能成立的。

3684 林分份，古史辨派「科學」形象的自我塑造——以顧頡剛、胡適爲中心，雲夢學刊，2007（1）

【解題】在古史辨派成爲二十年代學術場域的支配性力量的同時，他們藉以塑造自身形象的「科學」，已然成爲行動者要求重新分配學術占位的一種新的象徵性資本。在此過程中，顧頡剛與胡適在占位競爭中所扮演的不同角色，以及各自對於「科學」的不同闡釋，呈現出古史辨派對於中學與西學的不同選擇及其複雜的思想面貌。

3685 張京華，疑古、考古與中國現代學術走向——以傅斯年對古史辨派態度的轉變爲中心，新視野，2007（1）

【解題】在 20 世紀上半葉，傅斯年對於他的同學顧頡剛掀起的疑古思潮，起初給予了很大支持和極高評價，但後來則逐漸產生懷疑，並進而提出重建古史的重要主張，發表了一些極具開創性的研究成果。對傅斯年這種態度的轉變，絕不能在個人恩怨的層面上理解，而是展現了中國現代學術創立期的複雜樣貌和探索精神，對其後的學術發展影響甚大。

3686 劉秀俊，「疑古」與「走出疑古」的第一次正面交鋒——《古史辨》第一冊出版八十週年國際學術研討會綜述，文史哲，2007（1）

3687 劉秀俊，上古史重建的新路向暨《古史辨》第一冊出版八十週年國際學術研討會，清華大學學報，2007（1）

3688 馮峰，從《古史辨》前三冊看「古史辨」運動的一個轉向，史學史研究，2007（2）

【解題】時下學界對「疑古」思潮的反思，仍大多局限在「疑古」派的某些早期的觀點和對中國文化傳統的破壞上。這是作為「意識形態」的「疑古」思潮，只是它的一個層面。從《古史辨》第一冊到第二冊之間，面對考古發現和新材料不斷湧現的挑戰，「疑古」思潮發生了一個重要的轉向，即從意識形態的思想衝擊到學術典範的建立，從而把它的視角主要集中在人們觀念中的「上古」。《古史辨》第三冊反映了顧頡剛「疑古」方法論的逐步完善，回到文獻考訂後，「層累造成古史」理論得到了發展。

3689 謝維揚，古書成書和流傳情況研究的進展與古史史料學概念——為紀念《古史辨》第一冊出版八十週年而作，文史哲，2007（2）

【解題】顧頡剛所編《古史辨》第一冊出版，對於中國近代學術，包括近代意義上的中國古史研究的形成和發展具有積極的歷史影響。從某種意義上來看，《古史辨》所從事和倡導的「疑古」工作的主要目標和內容，是試圖為建立近代意義上的中國古史研究尋求合格的史料學基礎；但主要由於客觀歷史條件的限制，「古史辨」學者們當年對古書成書和流傳情況的複雜性尚不能有充分的瞭解，因而在對古書真偽、成書年代、作者，乃至其中某些特定內容的史料價值以及各宗古書資料之間關係等問題的研究中存在著簡單化的缺陷。在近年來學者們對中國古史史料學基礎問題的研究中，最值得重視的領域之一，是對於新出土文獻的研究，在大量新出土文獻資料研究的基礎上，我們將有可能獲得某些較之以往更合理的古史史料學概念，建立現代古史史料學概念的整個工作也才會有實質性的進展。

3690 謝中元，論古史辨派《詩經》研究的詩學取向、價值與缺失，廣東教育學院學報，2007（2）

【解題】古史辨在對《詩經》去經典化的宏觀指向下，對《詩經》進行了本文釋讀，這就是對《詩經》文本的最大還原，衝破經學桎梏，從一般詩

歌、歌謠的角度全面闡釋《詩經》，這關係到《詩經》闡釋範式的轉變：解構政教經典，還原《詩經》的文學面目；其詩學價值正是通過古史辨派的闡釋來指認的，解除了「經典性」的《詩經》就不是脫離現實需要的、僵化的政治說教和道德說教等純粹的形式，而成爲文學典範。古史辨派核心歷史學家顧頡剛則從歷史出發，發現了歷史的故事性、敘述性、層層累計性，故事與古史、文學與歷史在本體和本原上是相通的，此種「歷史的態度」影響顧頡剛之後被轉化出來的就成了古史辨派最基本的方法論：歷史演進的方法，用故事釋古史、以歌謠釋《詩經》便是「歷史演進的方法」的直接創獲。古史辨解構《詩經》學，獲取了《詩經》的歷史價值和文學身份，對《詩經》的文學身份作出判斷，放大了「《詩經》是文學而非經典」的視角，又以歌謠釋《詩經》，把《詩經》的文學性和歷史性聯合起來，既強調《詩經》的文學身份，也發掘《詩經》的歷史價值。然而正是由於遊走於文學與歷史之間，古史辨的闡釋缺失也爲人所詬病，其《詩經》闡釋被認爲是缺乏歷史感，並且忽視了《詩經》結集編定之前的數千年中華文明史和上古文化中宗教、圖騰的成分。此外，胡適、顧頡剛等注重科學方法的運用，但是方法先行容易產生闡釋的「隔」即「誤解」，這種誤解是超過了本文的「反誤」；古史辨的歷史研究注重辨僞存眞，從歷史客串到《詩經》，從民歌來推論《詩經》表現技巧的思路，這一方法的通病就是有時過於推重事實和科學，以至把詩歌的審美價值遺漏了。

3691 謝中元，《詩》經典化與古史辨《詩經》闡釋的去經典化，井岡山學院學報，2007（2）

【解題】《詩經》文本作爲闡釋學語境下的「歷史流傳物」，經歷了經典化與去經典化的釋讀變遷，蘊含著豐富的闡釋學命題。《詩經》經典的形成與耗散是一個典型的「效果歷史」事件，傳統《詩經》學致力於《詩經》的經典化闡釋，二十世紀二三十年代興起的《古史辨》派則對《詩經》進行了去經典化的顛覆解讀；古史辨奠定了現代《詩經》闡釋的範式，《詩經》不再是僵化政治說教和道德說教的表徵，而成爲活的文學典範。

3692 盧毅，章門弟子與「古史辨派」，史學史研究，2007（3）；文史知識，2007（12）

【解題】長期以來，顧頡剛倡導的疑古思潮在近代史學界的影響被過分

誇大。至少在「古史辨運動」的策源地——北大研究所國學門，佔據主流地位的章門弟子便對之表現出一種十分錯綜複雜的態度，大多並不曾積極支持「疑古」，究其緣由，這其中既存在學術觀點的分歧，又參雜有章太炎的影響以及國學門中微妙的人脈糾葛。

3693　裘錫圭、曹峰，「古史辨」派、「二重證據法」及其相關問題——裘錫圭先生訪談錄，文史哲，2007（4）

　　【解題】「古史辨」派在對上古史認識的大方向上是正確的，在古書辨僞方面則有許多地方需要糾正，我們今天對於疑古思想和學說應持繼承與批判相結合的態度。20 世紀 70 年代以後雖然湧現了大批出土文獻，但就出土文獻研究而言，傳世典籍以及歷代學者對傳世典籍的研究仍然是基礎。目前中國古典學，包括出土文獻研究領域存在的問題主要不在缺乏理論或方法，而在研究者往往缺乏科學的態度。必須大力提倡一切以學術爲依歸的、實事求是的研究態度，提倡學術道德、學術良心。

3694　謝中元，古史辨視野下的《詩經》闡釋，中國礦業大學學報，2007（4）

　　【解題】以闡釋學爲視角進行分析 20 世紀二三十年代的古史辨派對《詩經》確實作出了新解釋，認爲他們顛覆「成見」叢生的傳統釋詩系統，融合邊緣而且異端的釋詩思想，用文學闡釋逆轉經學闡釋，以去經典化反撥經典化，此舉對《詩經》學作了深度刷新，成爲現代《詩經》研究的經典案例。

3695　羅志田，《古史辨》的學術和思想背景——述羅香林少爲人知的一篇舊文，社會科學戰線，2008（2）

　　【解題】羅香林曾以「佛應」爲筆名於 1933 年在中山大學的《文史學研究所月刊》上發表一篇《讀顧頡剛先生〈古史辨〉》，全文原擬討論 14 個子題，實際分兩期刊出了前三個子題。很多年後，羅將此文的第二節稍作刪略，以《由〈古史辨〉講至史事的本身與寫的古史》爲題納入其《歷史之認識》論集的增訂版中。羅文雖未完成，但刊發的三節已體現出「古史辨」運動可能的進展，即從破壞爲主的辨僞發展到更深層次的歷史敘述之探索和歷史眞相之揭示；羅有這樣的認識，可能因爲他既追隨顧頡剛又轉益多師，所以能有結合內在與外在看法的優勢。此外，羅文的撰述取向，是先構建時代、學術和學理的語境，然後論述「本事」，也非常值得取法。

3696 羅志田，檢討《古史辨》學理基礎的一項早期嘗試，社會科學研究，
2008（3）

【解題】重點討論了羅香林《讀顧頡剛先生〈古史辨〉》的第二節，認
爲從中可以看出「古史辨」學人在 20 世紀 30 年代初期一些已經發生和可能
發生的演變，也可見中國史學界在思考一些史學的基本問題上，已達到相當
的高度。而且從這篇檢討《古史辨》學理基礎的早期嘗試可以看出，《古史辨》
及其同時代的學術史，還有許多可以繼續探索的餘地。

3697 張京華，「層累造成」還是「層累闡釋」——孟姜女故事與顧頡剛的民
俗學研究，淮陰師範學院學報，2008（3）

【解題】顧頡剛關於孟姜女故事的研究，介於民俗學與歷史學之間；他
以民俗學的模式從事歷史學的研究，又以歷史學家的身份營建民俗學科。由
孟姜女故事等引出的「古史層累造成說」，與其視爲歷史學的規律，不如視爲
民俗學的規律；與其稱之爲「層累造成」，不如稱之爲「層累闡釋」，方始更
具合理性。

3698 張越，《古史辨》與「古史辨派」辨析，學術研究，2008（2）

【解題】「古史辨派」的稱謂表面上給了人們一種以「疑古」爲主的印
象，而實際上所謂的「古史辨派」學人卻少有爲疑古而疑古的；以疑古辨僞
爲出發點去探究古史眞相的人很多，設若僅以「懷疑」爲特徵看待「古史辨
派」學人，則這樣的「古史辨派」者幾乎找不出來。顧頡剛無意建立一個有
「許多盲目的信徒」的「古史辨派」，他本人沒有使用過「古史辨派」四個字；
被認爲是「古史辨派」成員中的學人，在研究古史的過程中，多傾向於基本
接受「層累說」理論或大致贊同使用疑古辨僞方法，然而其各自的學術觀點
也不乏相異相爭之處，確實表現爲「敢用自力去進展」，而非無條件地維護什
麼信條與觀念。在今天看來，「古史辨派」僅是一個「籠統」的稱謂，「古史
辨派」作爲五四時期所出現的、以顧頡剛爲代表的一批學者所成就的學術思
潮確然在，但是「古史辨派」在現代學術史上更多的是一種學術現象，如果
以通常意義上的「學派」概念冠之，可能並不準確和全面。

3699 李揚眉，顛覆後如何重建：作爲思想史家的顧頡剛及其困境，學術月
刊，2008（9）

【解題】顧頡剛的古史研究自始至終都具有鮮明的「思想史」特質，他

的工作重心一直凝聚在戰國秦漢時期的上古史觀念上。他所提出的「層累地造成的中國古史」等一系列核心學說，無一不是思想史範疇內的命題。在顧頡剛的「思想史」眼光之下，傳世文獻中的上古史敘述統統變成了中古時期特定政治或倫理觀念的產物，它們與上古史事實的直接對等關係不復存在，傳統的上古史知識框架由此被全面顛覆。而與一般思想史家相區別的是，顧頡剛「思想史」研究的指歸併不在「思想史」本身卻在於「史料」、尤其是那些足以反映上古史本來面目的史料。他從思想史的角度來探究上古史料的生產、組織、構造和流變等等，最終目的是要從「中古期的上古史說」中勘探出「眞正的古文籍」，從而盡可能地達到對上古史的客觀認知；只是他所援用的方法事實上僅能在「史料」範疇內發揮效用，根本無力將他引領到「史事重建」的層面。而顧頡剛以史料爲本位的致知取徑恰恰主要來源於他所反叛的經學傳統（以「經典」、「文獻」、「史料」爲基本致知取徑的範疇），他的古史研究也因此未能眞正脫出傳統學術的範式。

3700　李銳，由新出文獻重評顧頡剛先生的「層累說」，人文雜誌，2008（6）
　　　　【解題】顧頡剛著名的「層累地造成的中國古史」說，在中西方學界有很大的影響。此說的思想淵源比較廣泛，所論問題也與今古文經學上的「公案」有關，受胡適的影響較深。顧頡剛的「層累說」，其特別之處在於根據《詩經》中的史詩來分析古史，以禹爲「截斷眾流」的關鍵點，而不採信傳統的《尚書》等文獻；其目的則是要從文獻出發，構建系統的東周以來的信史。根據近來公佈的竹簡《子羔》篇、《容成氏》篇和公盨銘文、新蔡楚墓竹簡等出土文獻，可以發現顧氏的「層累說」中的許多觀點存在問題，他對於《詩經》中所提及的禹之分析，也存在史料選擇和解釋上的疑問，故其「層累說」恐難成立。不過顧先生探索中國系統信史起點的這種學術自覺，仍然是很有學術意義的。

3701　李小輝、許國蕊，古史辨僞運動的理論，大眾文藝，2008（6）
　　　　【解題】古史辨派的指導理論主要有：層累地造成中國的古代史說、五德終始說下的政治和歷史、古史的分化演進說。

3702　斯滿紅，古史辨派易學研究——以顧頡剛和李鏡池爲例，山東大學博士學位論文，2008

3703　李銳，疑古與重建的糾葛——從顧頡剛、傅斯年等對三代以前古史的

態度看上古史重建，清華大學學報，2009（1）

【解題】近代學者對於三代及三代以前古史的懷疑或重建態度，多受到時勢、個人學養及研究方法的影響，但是像顧頡剛與傅斯年這樣相反相存則比較少見。通過考察研究上古史的時間、空間兩個基本視角，從二人在論證方法、對於史料的真僞與時代判定以及對於出土史料價值認識上的不同，可以看出顧頡剛疑古背後的建設意向和傅斯年重建背後的懷疑態度，從而揭示出顧頡剛的疑古和傅斯年的重建之間的張力。

3704　楊善群，顧頡剛疑古思想評價，淮陰師範學院學報，2009（2）

【解題】顧氏疑古思想所提出的有代表性的十大論點，除揭露劉歆爲編排「五德終始」的古史系統而僞造「炎帝神農氏」、「太昊伏羲氏」等首領人物比較符合歷史實際外，其他的論點大多無法説通，難以成立，或被考古發現的實物證明所否定。由於古史辨派長期以來的過分疑古或極端疑古，因而產生了一些負面影響：其一，把古史攪成一片空白；其二，造成大量古書的冤假錯案；其三，不少古籍的成書年代被拖後許多；其四，一些歷史人物和事蹟被説成「神」或「神話」。

3705　王東傑，「故事」與「古史」：貫通 20 世紀二三十年代「疑古」和「釋古」的一條道路，近代史研究，2009（2）

【解題】一般認爲 20 世紀二三十年代「疑古」與「釋古」兩條學術路向分別代表了破壞古史和重建古史兩條不同的路線。這一看法大體成立，但二者在觀念上也有不少相通乃至相同的地方。一方面，「重建派」學者在研究中也運用了與顧頡剛非常相似的「層累説」觀察古史的構成，而歷史研究中的「故事眼光」更成爲貫穿「疑古」和「釋古」的一條道路；另一方面，「疑古派」在辨僞過程中也發展出來一些與「重建派」非常相似的具有建設意義的觀念，但因其給人留下的「破壞」的形象過強而被忽視了。

3706　王曉冬，「古史辨」在學術與思潮間的兩難之境，南京師範大學文學院學報，2009（2）

【解題】通過對古史辨派學術理念與學術範圍的清理，分析古史辨派在學術與思潮兩個方面表現出來的品質以及它們相互之間的關係。

3707　董恩強，顧頡剛疑古辨僞原因新探，三峽大學學報，2009（3）

【解題】在 20 世紀 40 年代以前，顧頡剛的古史研究偏重於破壞偽史，而較少從事建設真史。在顧頡剛看來，學術之大，需要分工合作，才能深入和發展，破壞與建設只是分工的不同，破壞是爲了建設，辨偽是爲了存真和求真。顧氏一味疑古辨偽，也是基於此。另外，顧頡剛在考古學素養方面的缺乏制約了他去做建設工作。

3708 謝進東，現代性與「古史辨」，古代文明，2009（4）

【解題】顧頡剛在「古史辨」中以進化史觀作爲懷疑古史的理論基礎，以科學理性的認知觀作爲疑、信古史的基本準則，以由進化觀念演變而來的歷史演進法作爲考察古史的思維工具，並以假設與求證的方法作爲考辨古史的主要方法，這在歷史認知與解釋層面上鮮明地體現出現代性特徵，並使得顧頡剛的史學觀念、思維方法在學術理念與治學方法上大大超越了以清代漢學家及疑古學者、晚清今文家爲代表的中國傳統疑古辨偽之學，將中國的古史研究推進到一個新的高度。同時，顧頡剛在運用其具有現代性的史學觀念、方法時，因應其進化論的預設而過度使用「默證法」，在歷史演進法的使用上囿於「一元單向」演進模式的窠臼，在假設與求證中未能嚴格遵循實事求是的原則，這些都影響到「古史辨」理論與方法在古史研究中的有效性。

3709 靳海濤，《古史辨》學人《詩經》學基本理念探析，社科縱橫，2009（4）

【解題】20 世紀二三十年代，以「古史大討論」爲契機，《古史辨》學人積極探討《詩經》學問題，其基本理念是對經學傳統的反動與清算。他們否認孔子刪詩，認爲《毛詩序》牽強附會，也不傳於子夏。非經典、文學書、全爲樂歌、包含部分歌謠，是其對《詩經》基本性質的理解。《古史辨》學人這一理念上繼中國傳統疑古辨偽思潮，同時橫向挪借了西方新思想、新方法，使其最終走出了《詩經》研究的經學傳統，建立了具有明顯現代色彩的新理念。今按：古史辨派在治學理念上存在「惡念」。

3710 謝桃坊，古史辨派在國學運動中的意義，學術界，2009（4）；文史哲，2009（6）

【解題】自 1926 年起，由顧頡剛主編的《古史辨》集聚了數十位著名學者，以疑古的態度討論古史歷時二十餘年，在中國現代學術史上形成一個重要學派——古史辨派；討論古史是此派以之爲學術辨偽的突破，故討論的範圍擴展到儒家經典、古代典籍、先秦諸子和古代學術史問題，學術涵蓋極

爲廣泛。古史辨派的工作是國學運動中整理國故的一個重要組成部分,是在新的國學觀念的引導下進行的,對舊的國粹觀念起到了巨大的破壞作用;古史辨派採用國學研究方法——中國傳統考據學與科學方法相結合,以細密的考證方式探討中國文獻與歷史上細小的學術問題,掃除國學研究中的「因襲和謬妄」,使國學運動的意義充分顯現;考察古史辨派與國學運動的關係,將引起我們對近年國學熱潮再度興起的歷史反思。

3711　耿玉前,顧頡剛在「古史辨」中治史的現代化,和田師範專科學校學報,2009(5)

3712　劉晗,論「古史辨」派的《老子》研究,工會論壇,2009(6)

【解題】20世紀初期,古史辨派發起了一場關於《老子》問題的討論,提出了很多關於《老子》一書的不同見解。由於資料的局限,這些見解既有各自的主觀性、片面性,其中又不乏眞知灼見的成分;目前可以聯繫出土的《老子》一書,沿著更新的思路加以進一步地鑒別和發揮。

3713　袁寶君,「古史辨」派經學研究概述,山東省農業管理幹部學院學報,2009(6)

3714　李銳,經史之學還是西來之學:「層累說」的來源及存在的問題,學術月刊,2009(8)

【解題】顧頡剛的「層累說」,包含了許多命題,最核心的部分是根據《詩經》討論古史,認爲商周不同源,禹是最古的人物。「商周不同源」是今古文經學史上的一椿公案,並非顧頡剛的首創;而與顧頡剛相近的結論,傳統經史之學的代表戴震已經有所表述。仔細比較「層累說」與戴震的有關論述,由二說之不同,可以考見「層累說」主要依從了西方學術的視角,而並不符合傳統經史考證之學的路數,因此存在不少問題,似乎不如「層累說」的雛形更有傳統經史之學的味道。「層累說」受胡適的影響最深,並沒有受到王國維的影響,其主要貢獻在於注重從時間角度出發整理古史系統,推翻了「三皇五帝」的舊古史系統。從史學史的角度來講,「層累說」是值得崇敬的;但是從認識上古史的角度來看,「層累說」的理論及許多具體結論均有問題,中國學者對待它的態度應該具有和當年的顧頡剛一樣的懷疑精神,應該和西方學者有不同的看法。

3715　張京華,古史辨派與中國現代學術走向,廈門:廈門大學出版社,2009

【解題】該書目錄如下：

第一章　古史辨派的學術評價
　第一節　《古史辨》辨名
　第二節　「疑古派」辨析
　第三節　對古史辨派的最初反響——以傅斯年爲例
　第四節　中華民國一件文字獄——戴季陶對顧頡剛的彈劾
　第五節　於古代的邊際卻算是摸著了一點——顧頡剛與郭沫若

第二章　中國史學傳統與「顧頡剛難題」
　第一節　一些足以破解疑古思想的論述——關於古代書體書例的總結
　第二節　史之有體，猶國之有法——關於古代史官史職的追述
　第三節　辨章學術，考鏡源流——《漢書・藝文志》義例申論
　第四節　不能以一部分之眞證全部皆眞——「顧頡剛難題」

第三章　「層累説」與古史研究
　第一節　顧頡剛與崔述的學術關聯——兼論中日兩國疑古思想的相互影響
　第二節　往復經史之間與前後兩次史料學定位——顧頡剛與經學
　第三節　「層累造成」還是「層累闡釋」——顧頡剛的民俗學研究
　第四節　王亥史事與先商古史建設
　第五節　「山川群神」與上古圖騰的歷史内涵
　第六節　「絕地天通」與古史研究的三條途徑

第四章　顧頡剛的辨僞研究
　第一節　將假設直接判定爲結論的論證方法——《五德終始説下的政治和歷史》
　第二節　從「層累造成説」到「神話分化説」——《三皇考》、《夏史三論》與《中國上古史導論》
　第三節　對中國史學傳統的基本估計——《中國辨僞史略》

第五章　顧頡剛與考古學
　第一節　提出「層累説」與古史辨派創立時期
　第二節　提出「戰國秦漢造僞説」時期
　第三節　新中國的學術定位及其最後遺憾

第六章　古史辨派與現代學術走向

3716　楊鵬、羅福惠，古史辨運動與日本疑古史的關聯，探索與爭鳴，2010（3）

【解題】古史辨思潮是在「五四」時期西方新思想迅猛傳入，中西學術交融出現高潮的大背景下產生的。傳統學術中的疑古風氣，特別是崔述《考信錄》中的古史考辨思想對古史辨派的觀點形成起了主要作用，適提倡的科學主義的方法爲古史辨派提供了方法論指導。至於日本疑古思潮，從錢玄同的經歷及錢與顧頡剛的關聯考慮，可以肯定顧頡剛理應受到了日本疑古學說的影響。爲什麼顧頡剛始終迴避承認這一影響呢？這主要是因爲以白鳥、内藤爲代表的日本「支那史」研究者雖然表面上埋頭於考證古史，但在其「客觀主義」的背後，不但反映了輕視中國歷史的傾向，更反映了當時日本社會強烈的戰勝國的優越感。古史辨運動興起之時，正值日本帝國主義加緊侵略中國時期，具有強烈愛國主義感情的古史辨學者不願意把自己的研究與日本攀上關係。追索中國疑古思想的日本元素並非否定古史辨運動所具有的學術價值，以顧頡剛爲代表的、以疑古辨僞爲特微的古史辨派考辨古史，旨在擺脫儒家經學的羈絆，並勇於破除對古史的迷信，把古史和古書中崇拜的偶像成重新評判的研究對象，進而區分傳說與信史，廓清了附會杜撰的古史迷霧，重新構建起新的古史體系，這對整個 20 世紀的史學研究產生了不可估量的影響。我們今天討論此類問題時，應該適當劃分政治與學術的界線，無論是推斷兩者有關，還是堅持兩者無關，都應該避免使用「滅亡古史」、「動搖民族自信心」一類的煽情之論。今按：顧頡剛效朱子故智，以夷制夏。

3717　周遊、楊鵬，「疑古」與辨僞：顧頡剛與「古史辨」運動，綏化學院學報，2010（4）

【解題】以顧頡剛爲旗幟的「古史辨派」，他們在繼承中國傳統學術「存

疑辨僞」思想之時，也對胡適等人所提倡的西方科學方法作了吸收並予以本土化。但因時代所限，學術積累之故，「古史辨派」也有許多不足之處；但他們疑古辨僞存眞的精神，對打破「六經」所建立的古史系統，推動中國歷史研究的發展，有著巨大的歷史意義。

3718　黃海烈，從辨僞到疑古：顧頡剛的新史學之路，古代文明，2010（4）

【解題】顧頡剛「疑古」的志業源於 1920 年至 1923 年間他與胡適、錢玄同有關辨僞的討論，在這長達 3 年的討論切磋中，顧頡剛完成了由辨僞到疑古的轉向，走上了自己獨特的新史學之路。這不僅基於胡適等人的因勢利導，還特別得益於顧頡剛本人對中國傳統學術資源的獨特理解和巧妙運用。他運用「疑古」的眼光全面審視宋儒、清儒的疑古辨僞成果，找尋到崔述和康有爲兩大思想庫，並在批判繼承的基礎上，創造性地將二者疑古的成績與手段融爲一體，推陳出新，最終成就其疑古學說中具有代表性的觀點與方法——「層累說」。

3719　李孝遷，日本「堯舜禹抹殺論」之爭議對民國古史學界的影響，史學史研究，2010（4）

【解題】20 世紀初年，日本漢學界提出的「堯舜禹抹殺論」，對民國史學界有所影響。1920 年代，「抹殺論」爭辯餘波轉移至飯島忠夫和新城新藏有關中國古代天文學史的論戰，而國內正值「古史辨」運動方興未艾之時，受東鄰之影響，先後有不少學者參與了這場討論。中國學術界不僅對日本提出的「抹殺論」並不陌生，而且東瀛漢學界這場持久論戰，對我國古史研究產生了消極影響；顧頡剛作爲近代中國古史研究的領袖人物，亦瞭解白鳥庫吉，並接觸過其論著；民國學者的古史研究是整個國際漢學界有關中國古史研究學術鏈條上的一個環節，本土與域外存在學術上的互動關係。

3720　寧鎮疆，「層累」說之「默證」問題再討論，學術月刊，2010（7）

【解題】個別學者對張蔭麟批評「默證」的理解是不準確的，其駁張蔭麟之「默證」和「限度」，亦因多涉抽象玄思和枝蔓而流於「清議」，因此並不能推翻張蔭麟對「默證」的批評。所謂「層累」說不關注歷史本體的說法是錯誤的，它是強調對歷史本體的「移置」認識；所謂不追求歷史本體就可以使用「默證」，邏輯上自相矛盾，事實上流於詭辯。史書中之因承性內容，決定了「層累」說以史書之年代決史書內容之年代的做法每每陷於偏頗。因

此，「層累」說對歷史本體的「移置」認識，實質上是割斷了歷史發展中的因承，突出強調「造作」。歷史研究上有「一分材料說一分話」，強調嚴謹固然不錯，但如果因此否定在現有材料基礎之上的觸類旁通和推論，則不免流於「冰山」式的直觀反映論。

3721　陳學然，中日學術交流與古史辨運動：章太炎的批判說起，中華文史論叢，2012（3）

【解題】章太炎自 1920 年代以來發表大量批判「古史辨」襲取日本人疑古餘緒之言論，但其連番譏諷一直未引起注意或討論。該文即以此為起點和觀察視角，重新探究「古史辨」的日本因素，並在上世紀初中日文化交流頻繁的時代背景下探討胡適、顧頡剛接觸日本相關學術的可能性，觀察他們在時代變局下的治學心態；並比較「古史辨」與「東洋學」興起的原因與目的，以及它們與二十年代中國社會、政治環境等錯綜複雜的關係。此外，藉著相關探討，我們還能同時看到世變之下史家在建立學術事業過程中顯露的人生宗旨、學養情操，以及與之息息相關的歷史意識與民族文化認同。

3722　靳海濤，《古史辨》學人《詩經》解讀方法探析，鄭州師範教育，2012（5）

【解題】《古史辨》學人的《詩經》學研究是傳統經學向現代學術過渡的「分水嶺」，在抨擊前人解詩方法的基礎上，他們強調拋開舊注、自求詩意，用文藝的眼光看詩，用歸納比較等方式解詩。在關於《野有死麕》《靜女》等作品的熱烈討論中，上述方法得到積極嘗試。其開創意義應該得到充分重視，但對其完全拋開舊注、自創新意不足的局限也要理性看待、客觀分析。

3723　許華峰，顧頡剛的《堯典》作時代研究及其意義，政大中文學報，2012（18）

3724　高有鵬，《古史辨》學派與現代神話學，中原文化研究，2013（2）

【解題】以顧頡剛為代表的《古史辨》學派是中國現代神話學發展的重要理論成就，其思想基礎在於新史學意義上的疑古，並不僅僅是歷史主義的復活；圍繞《古史辨》關於神話問題的討論，促進了中國現代民間文學思想理論體系的完善和豐富，中國現代神話學得到迅速發展。

3725 李孝遷，域外漢學與古史辨運動——兼與陳學然先生商榷，中華文史論叢，2013（3）

【解題】民國時期古史辨運動與域外漢學存在一定程度的學術關聯，古史研究者早年多受過新式西洋史教育，或在歐美大學接受學術訓練，不同程度受過近代史學觀念的洗禮，與舊式學者文人不同，信仰「三皇五帝」者自然越來越少；國內古史研究是國際漢學界有關中國古史研究學術鏈條上的一環，歐洲、日本、中國學界之間存在一定程度的互動，中國學者已注意到理雅格、沙畹、夏德、馬伯樂、白鳥庫吉、內藤湖南諸氏的疑古論；夏德《中國古代史》對胡適、顧頡剛均有所影響，對古史辨運動的興起有推波助瀾之功；白鳥庫吉「堯舜禹抹殺論」在民國史壇頗有流傳，顧頡剛對其人其事亦有所知，然顧氏疑古論與白鳥之間並不存在學緣關係，有論者認爲顧氏疑古思想乃「剽竊」日人陳說，此一指控係並無實證。今按：結論有失偏頗。

3726 李淑清、楊發寧，論「古史辨」派的《莊子》研究，遵義師範學院學報，2013（4）

【解題】把「古史辨」派的《莊子》研究分爲《莊子》的辨僞、莊子的考辨以及《莊子》中的老子與孔子三類來加以考察，認爲《莊子》在「古史辨」派那裡受到的關注沒有《老子》、《墨子》那麼多，所辨僞的範圍也有限，甚至因爲所引證材料的不足和所研究方法的失當，導致「古史辨」派《莊子》研究所得出的結論也存在片面化和主觀化等不足。但「古史辨」派對《莊子》的研究也有值得我們進一步思考的地方，如他們對莊子其人其書的考辨，尤其是他們把對《莊子》的辨僞由外篇、雜篇擴展到了內篇，這一辨僞範圍的擴展無疑能給我們帶來新的思考。

3727 李長銀，古史辨運動的興起——一個學術史的分析，山東大學碩士學位論文，2013

3728 程文標，古史辨運動的興起：報刊、史家與史學的科學化，蘭臺世界，2013（23）

3729 喬治忠，張蔭麟詰難顧頡剛「默證」問題之研判，史學月刊，2013（8）

【解題】八十年前，張蔭麟發表文章批評顧頡剛誤用默證方法，給史學研究造成很大的負面影響，默證幾乎成爲歷史研究法的禁區。張蔭麟所依據《史學原論》的主張，自相矛盾，不足爲訓；張蔭麟文章的具體論述，更是

訛謬百出，十分淺陋，論據、論點有根本方法的錯誤；張蔭麟晚期已經暗地改正了自己的觀點，孰是孰非已見分曉；於今的上古史研究，亟需發揚默證方法整體考察問題的辯證邏輯，清理上古史重建事業的學術基礎。今按：此文大氣太大，未免偏激。

3730　謝廖科、胡方霖，古史辨運動的文獻學意義，金田，2013（11）

　　【解題】雖然由於種種原因，古史辨派學者們當年對古書成書和流傳情況的複雜性尚不能有充分的瞭解，因而在對古書眞僞、成書年代、作者，乃至其中某些特定內容的史料價值以及各宗古書資料之間關係等問題的研究中存在著簡單化的缺陷。但古史辨派的研究開啓了學術典範式研究的大門，使得中國傳統文化的研究走上了規範化的道路。同時，他們在文獻研究方面也做出了貢獻：把過去儒家政治的辨僞變成歷史的辨僞，並在客觀上開啓了文獻學辨僞的研究，將辨僞由考辨僞書中的僞史復歸到對於文獻本身的研究，使文獻研究在經歷了政治學、歷史學的附庸階段後獨立了出來。

3731　周書燦，徐中舒與古史辨的學術互動，人文雜誌，2013（12）

　　【解題】受陳寅恪蒙古史構成理論的影響，徐中舒建立了「中國古史乃由並行的傳說，演爲直系的系統」、「商周以前的古史實即一部古代民族史」的古史構成理論。徐氏所建構的古史構成理論與顧氏早年提出的「層累」說，學術理路早出曾比較清晰地分爲兩途。徐氏對早期《古史辨》採取了贊同和批評的二重態度。徐氏在王國維「素地」論基礎上，運用「澄濾」說揭發古史傳說中的史料價值，並結合考而後信的文獻資料及古文字學材料、田野考古資料、古器物上的古代史資料，並以民族史、民族志中保存下來的民族學材料相互參證，建立了廣泛的史料觀與更爲科學的古史多重證法。徐氏對於古史的建設與羅、王之學對中國文化史的「整理」和早期古史辨「偏於僞古史的破壞」，旨趣明顯不同。新史學日益進步的進程中，古史辨不斷受到新史學家的影響，其學術思想正在逐步突破「破壞僞古史」的學術局限，並自覺運用與徐氏類似的古史三重證法，逐漸向著古史建設的道路邁進。

3732　虞雲國，古史辨「剽襲」案的再辯讞，文匯報，2014，11，28

　　【解題】陳學然《中日學術交流與古史辨運動：從章太炎的批判說起》坐實顧頡剛剽竊日本學者白鳥庫吉「堯舜禹抹殺論」的公案，有據其後來行事而推定其前不德的默證傾向。在具體討論時，陳文的不足既在於一切以太

炎是非爲指歸，也在沒能從更廣闊的視野上洞燭各家學說背後的歷史語境與史家立場。進而通過分析白鳥庫吉、章太炎、梁啓超、顧頡剛等人的立場、語境以及價值取向，勾劃了中日兩國古史批判的學術譜系與傳播路徑：崔述代表的中國疑古思潮直接構成了顧頡剛代表的古史辨派的學術淵源，此前也啓發了白鳥代表的古史批判說；在思想方法論上，歐美近代疑古史學同樣構成白鳥古史批判說與顧頡剛古史辨的西學資源；在古史辨的西學取資上，既有直接來自歐美近代史學的一手渠道，也有間接取便日本著譯的中介渠道。顧頡剛的古史辨派與白鳥的古史批判說都是中國傳統疑古思潮與西方近代史學方法論交匯互動而催生的產兒，相互間充其量不過是學侶關係而已。

3733 陳壁生，今文經學的變異與「古史辨」的興起，中原文化研究，2014（3）

【解題】在現代學術轉型中，今文經學變異爲「古史辨」是經學瓦解的一個重要環節。這個環節的代表人物是錢玄同，其繼承了今文經學的辨偽方法，將《論語》視爲考察孔子的唯一眞實史料，並以之爲標準辨析「六經」，從而將「六經」與孔子分離開來，最終促使顧頡剛等學者得以將「六經」視爲史料，考辨每一經、每一篇的時代，並在此基礎上構建起新的古史系統。

3734 王紅霞，《古史辨》對中國史學近代化的影響，濟寧學院學報，2014（5）

【解題】《古史辨》是以疑古思想爲核心而編著的考辨我國古代史料眞偽的論文總集。《古史辨》出版發行的十五年，正是中國近代史學逐步走向成熟的時期，它不僅是一部「古史材料集」，而且對中國史學近代化也有著重要影響。

3735 李長銀，學術媒介與近代史學的關聯——「古史辨運動」的興起，社會科學論壇，2014（9）

【解題】「古史辨運動」的興起這一學術史事件爲觀察學術媒介與近代史學的深層次關聯提供了一個有代表性的案例。從學術媒介的角度來看，《與錢玄同先生論古史書》發表後引發的轟動效應，與《努力週報》良好的學術傳播效果有關；在隨後展開的古史討論的過程中，《讀書雜志》等報刊媒介又爲「疑古派」取得討論的勝利提供了諸多輿論上的便利；而當《古史辨》第一冊刊發之時，樸社等出版媒介則爲顧頡剛全力推銷該書提供了很大的助益。總之，學術媒介在「古史辨運動」興起歷程中扮演了不可或缺的角色，

而「古史辨運動」的興起，不僅推動了中國史學的近代化進程，還扭轉了近代史學的方向。

3736　李春青，論「古史辨」派《詩經》研究的得與失，河南社會科學，2014（10）

【解題】以「古史辨」派《詩經》研究爲例，分析了古史辨派「從歷史角度看文學」、「對漢代《詩經》闡釋的否定與質疑」的研究方法，並對其《詩經》研究方法進行反思，認爲：「古史辨」派懷疑精神應該充分肯定，他們對於《詩序》的質疑大都是站得住的，特別是《詩序》對某詩「刺某王」「美某公」的解說，確實大多乃附會史事，缺乏切實的材料支撐，顧頡剛、錢玄同、鄭振鐸等人的批評是有力的；「古史辨」派固然不能算是「後現代史學」，但他們的許多見解已然超出了以揭示歷史眞相爲職志的傳統史學，與福柯的知識考古學、海登·懷特的「新歷史主義」有著諸多相近的歷史洞見；古史辨派對於現代以來的中國學術，特別是今日中國學術的啓示意義是巨大的。

3737　張文靜、周頌倫，「堯舜禹抹殺論」與「古史辨」中的「疑古」思想——以白鳥庫吉與顧頡剛對《禹貢》的考辨爲中心，東北師大學報，2015（3）

【解題】白鳥庫吉是日本東洋文獻學派的創立者，提出了「堯舜禹抹殺論」，帶領其弟子對中國史展開了廣泛的研究，並在中國東北史和朝鮮史研究中取得豐碩成果。顧頡剛是中國「古史辨」派的領袖，首倡民國「疑古」之風，創辦《禹貢》半月刊，掀起中國邊疆史地的研究熱潮。二者的研究似乎存在諸多相似之處，「疑古」觀念亦存在某些共性特徵。該文以顧氏與白鳥氏對《禹貢》的考辨爲出發點，比較二者「疑古」思想的學術淵源、辨析方法與觀點傾向，認爲：與白鳥氏的徹底抹殺不同，顧氏的「古史辨」是一項在傳統「樸學考據」基礎上對中國古史進行解構與重新建構的工程；二者對《禹貢》的辨析各自採取了不同的辯證方法，其「疑古」思想的邏輯體系也迥然不同，儘管在堯舜禹是古代傳說這個問題上的看法大致相同，但不能由此斷定顧氏的「古史辨」是在白鳥氏「抹殺論」的啓發下提出的。今按：此亦臆談。

3738　李正輝，顧頡剛疑古辨僞思想起源考，河南圖書館學刊，2015（8）
3739　白憲娟，顧頡剛的《詩經》研究，殷都學刊，2015（4）

3740 戴佳文，淺談顧頡剛「層累地造成的中國古史」說及其思想淵源，文
　　　 教資料，2015（32）

3741 李正輝，顧頡剛「古史層累說」探研，吉林省教育學院學報，2015（9）

3742 李玉莉，民國古史辨派與傳統經學之關係探析，蘭臺世界，2015（32）

3743 季蒙、程漢，顧頡剛與二十世紀疑古辨偽史學，中國文化，2015（1）

3744 張文靜，白鳥庫吉與顧頡剛對《禹貢》的辨析研究，東北師範大學碩
　　　 士學位論文，2015

　　　【解題】白鳥庫吉提出「堯舜禹抹殺論」，顧頡剛提出「層累說」，均在
當時中日學界引起軒然大波，討論與爭鳴持續不斷。在當前的中日史學界，
對比白鳥庫吉和顧頡剛中國古史研究的相關研究已經出現，然而，已有的研
究成果主要從二者的學術背景和學術淵源入手找尋二者的學術是否存在承繼
關係，罕有針對二者學術中的某個具體課題、具體觀點的對比，也未出現專
門圍繞白鳥庫吉和顧頡剛對《禹貢》的辨析方法、內容與結論的比較研究。
本文以對《禹貢》的辨析為核心，通過對比二者對《禹貢》的成書年代、傳
說價值、地理學價值、《禹貢》「九州說」、「五服制」等具體問題的辨析，對
比二者在中國古史研究中的研究視角、方法、水平、深度上的異同，從而映
像出近代日本學界和中國民國學界對待中國古史的不同傾向。第一章剖析白
鳥庫吉與顧頡剛「疑古」思想的學術淵源。白鳥庫吉和顧頡剛的「疑古」思
想都是對傳統學術中占主導地位的「信古」思維的挑戰。然而，白鳥庫吉從
西方史學方法和理念出發，徹底推翻明治之前「將傳說視為信史」的觀念，
揭示出中國古史的傳說性質，這是對中國古代史的徹底解構。顧頡剛在整體
研讀中國傳統經史學者的疑古辨偽學術的基礎上，重視《尚書》今古文之爭
和宋代、清代考據學敢於質疑與辨偽的學術成就，結合考古學、金石學成果，
對中國古史展開學術研究，在考辨偽書、偽史的同時，完成重建中國古史的
工作。這是在傳統「樸學考據」學基礎上對中國古史的解構與重新建構。第
二章主要辨析二者關於《禹貢》成書年代與價值的視角、觀點與方法的異同。
關於《禹貢》的成書年代，白鳥庫吉認為「堯舜禹三王」傳說是同時產生的，
因此《禹貢》的成書年代也應與上述時間完全一致，即春秋時代，孔子之前；
顧頡剛則認為禹的傳說應當出現在堯舜的傳說之前，而《禹貢》的成書年代
又晚於傳說產生的時期，即戰國時代後期，秦統一之前。二者對於《禹貢》
的地理學價值存在截然相反的觀點。白鳥庫吉不僅徹底否定《禹貢》的地理

學價值，更徹底抹殺《尚書》中夏書部分的地理學和史料學價值；顧頡剛則視《禹貢》爲「我國地理學的寶典」。這種完全對立的觀點體現出二者在對待《禹貢》的基本立場上是完全相異的。第三章圍繞二者對《禹貢》「九州說」的辨析展開。與白鳥庫吉並未對《禹貢》「九州」名稱的產生時間問題作專門考證相對，顧頡剛對此問題作了專門考證；白鳥庫吉從中國傳統思想觀念入手質疑「九州說」的眞實性，顧頡剛從中原王朝不同歷史時期的疆域變遷入手考證「九州說」的出現時間與演化過程；白鳥庫吉以強調傳統信仰的傳說性質作爲立論前提，主張徹底的「抹殺」；顧頡剛從中國傳統史學的樸學考據出發，以證實《禹貢》「九州說」的眞實性作爲前提，主張謹慎地「辯證」；白鳥庫吉認爲《禹貢》「九州」並非眞實存在，顧頡剛則認爲《禹貢》「九州」是對戰國時代地理疆域的實際劃分。第四章圍繞二者對《禹貢》「五服制」與五嶽的辨析展開。白鳥庫吉和顧頡剛都認爲在《禹貢》「五服說」中存在幻想成分。然而，白鳥庫吉認爲「五服」制度本不是對實際地理疆域的測量，顧頡剛則認爲「五服」制在中國古代是實際存在的，只不過由於《禹貢》中對於「五服」相距里數的細緻記述，使得其帶上了幻想的色彩。白鳥庫吉與顧頡剛也都對《禹貢》「五嶽」展開研究，白鳥庫吉忽視《禹貢》中出現的豐富的山川地理信息，而是僅僅圍繞天之五宮思想展開論證。顧頡剛則致力於考證《禹貢》「五嶽」名稱的由來與演變，進而梳理中國古史中山嶽觀念的形成過程。從《禹貢》「五服」和「五嶽」制度出發，二者還對中國古代疆域形狀特徵作了概括：白鳥庫吉認爲「南北長、東西短」；顧頡剛則認爲「窄於南北而寬於東西」。關於華夷體系，與白鳥庫吉主張「華夷峻別」不同，顧頡剛突出民族融合在中華民族早期形成中的作用，主張「華夷一體」。從白鳥庫吉與顧頡剛對《禹貢》辨析結論的具體差異中，我們看到兩種完全不同的學術體系：以白鳥庫吉爲代表的日本學者從西方的實證主義史學研究理論出發，在主張嚴格區分亞洲歷史上諸多民族建立的地方政權的基礎上，徹底推翻中國傳統古史系統，從而得出以「抹殺論」爲代表的嶄新研究結論。這種研究結論與近代日本社會文化中正經歷著的對中國古代文化由崇敬到貶低的認識上的轉型相適應，並成爲這種認識轉型的助推劑。顧頡剛以中國傳統史學的辨偽、考據爲主要研究目標與方法，充分借鑒同時代學界在考古學、金石學以及地理歷史學上的考證性研究成果，提出「層累說」，力求在推翻中國傳統古史系統的同時，建立起新的中國古史體系。

3745 李長銀，日本「疑古」思潮與「古史辨運動」，史學理論研究，2016（1）

　　「古史辨運動」的興起是否受到了日本「疑古」思潮的直接影響，近年來逐漸成爲學術界共同關注的一個話題，時至當下尚未蓋棺論定。從現有資料來看，「古史辨運動」興起之際的胡適、錢玄同、顧頡剛雖然通過間接方式對日本「疑古」思潮中的一些情況，如《崔東壁遺書》新校印本的出版、白鳥庫吉的「堯舜禹抹殺論」、先秦天文曆法論戰以及內藤湖南的「加上原則」有所瞭解，但瞭解並不等於受其直接影響。結論：「古史辨運動」與日本「疑古」思潮之間並不存在實質性的學緣關係。今按：結論難以成立。清末民初中國學者普遍受到日本漢學的影響，顧氏更是難以撇清。

3746 劉開軍，「古史辨」運動的歷史與迴響，中國社會科學報，2016

3747 華雨吉，顧頡剛《古史辨自序》與疑古思潮，佳木斯職業學院學報，2016（7）

3748 林慶彰，顧頡剛與崔述，嶺南學報，2017（1）

　　【解題】舉顧頡剛兩次重編《崔東壁遺書》爲例，說明他搜集資料的方法及其對後代的影響。分《前言》、《崔述的生平》、《搜尋崔東壁遺書》、《重編崔東壁遺書》、《上海古籍版崔東壁遺書》、《顧頡剛對崔述的評價》、《結語》七小節，重點在第三、四、五三個小節。

3749 郭佳，顧頡剛大禹神話傳說研究與「層累造成古史說」的提出，民俗研究，2017（2）

　　【解題】顧頡剛的大禹神話傳說研究主要分爲兩個階段：一是1920年代古史眞僞辯論時期發表的一系列文章，以《與錢玄同先生論古史書》、《討論古史答劉胡二先生》二文爲主；二是1930年代在確定了以研究戰國秦漢時期的古史觀爲學術目標，轉向了歷史地理學研究之後創作的《鯀禹的傳說》。顧頡剛不僅發掘了神話傳說的材料，在大禹研究中還涉及神話與歷史、神話與宗教、神話與民族的關係三個方面的神話學探討。由於「層累說」的提出與禹的研究密切相關，故反思作爲理論方法的「層累說」，對認識顧頡剛的大禹神話傳說研究尤爲重要。

3750 馬竹君，顧頡剛「層累說」的再審視——以大禹傳說研究爲中心，民俗研究，2018（3）

　　【解題】隨著出土文獻的日益增多，顧頡剛古史研究的史料審訂工作「考

年代」與「辨眞僞」兩方面不斷招致非議。但通過以顧頡剛大禹傳說研究爲中心的具體考察，發現新出土文獻和史料眞僞因素變化對顧氏大禹傳說研究的結論雖有所校正，其變動仍在顧氏舊有論證框架之內，也並未撼動「層累說」的根基。顧氏大禹傳說研究論證框架的造成，不在於傳統的「考年代」和「辨眞僞」工作，而在於顧頡剛對古史傳說及相關材料性質的獨到瞭解，即「故事的眼光」。再加上顧頡剛有著以假設爲中心、以材料爲根本指向的治學特點，「層累說」實際上是圍繞「傳說的轉變」搭建起的「開放式」論證框架。在此基礎上，他重新定位了不同文獻的不同性質，得以更準確地論證大禹傳說的轉變。

3751　胡逢祥，從方法論看顧頡剛與「古史辨」，歷史教學問題，2018（2）

　　【解題】發生在上世紀 20 年代的「古史辨」運動，通常被視爲運用西方傳來的科學方法研治中國古史的一種嶄新示範。然從其主將顧頡剛的辨僞實踐看，則不妨說它是近代科學觀念和本土治學方法結合的產物更爲妥當。就狹義方法論而言，其中運用較多的乃是傳統史學的文獻溯源法和民俗現象觀察法。「古史辨」的興起，以大刀闊斧的手法，揭示了傳統古史記載的種種瑕疵，掃除了陳舊觀念的重重疑慮，激起了整個學術界考辨和重建科學古史的熱情。至其方法論，儘管仍存在種種粗疏和不足，對它的反思同樣可以給人以不斷精進的啓示。據此，說「古史辨」是中國現代科學古史體系建構的必經前奏和序幕，實毫不爲過。

　　【附錄】《古史辨學說評價討論集》目錄
　　童書業：「古史辨派」的階級本質
　　楊向奎：「古史辨派」的學術思想批判
　　李錦全：批判古史辨派的疑古論
　　吳澤、袁英光：古史辨派史學思想批判
　　吳澤：「五四」前後「疑古」思想的分析和批判
　　楊向奎：論「古史辨派」
　　蔡尚思：顧頡剛創建的新疑古派——《古史辨》派作用的具體分析
　　周春元：論古史辨派的史學
　　劉俐娜：顧頡剛與古史辨派
　　趙光賢：顧頡剛與《古史辨》

吳懷祺：近代新文化和顧頡剛先生的史學思想

胡新生：略論「古史辨」派的古史研究方法

楊善群：論顧頡剛的史學思想

顧洪：論古史辨學派產生的學術思想背景

王煦華：試論顧頡剛的疑古辨偽思想

王樹民：《古史辨》評議

劉家和：《崔述與中國學術史研究》序

廖名春：試論古史辨運動興起的思想來源

白壽彝：懷念顧頡剛先生

楊寬：顧頡剛先生和《古史辨》

周明武：顧頡剛疑古辨偽所體現的學格人格略論

胡繩：顧頡剛古史辨學說的歷史價值：紀念顧頡剛先生誕生100週年

劉起釪：顧頡剛先生與《尚書》研究

杜蒸民：胡適與古史辨派

徐中舒：經今古文問題綜論

湯志鈞：《古史辨》和經今文——紀念顧頡剛先生

余兼勝：顧頡剛古史觀的形成與其古今文經學認識的關係

王元化：與友人書：談古史辨

路新生：崔述與顧頡剛

羅義俊：錢穆與顧頡剛的《古史辨》

張書學：顧頡剛與傅斯年治史異同論

李慶：《崔東壁遺書》和二十世紀初中日兩國的「疑古」思潮

李學勤：走出疑古時代

李學勤：談「信古、疑古、釋古」

宋健：超越疑古走出迷茫

宋健：酬「斷代工程」初遂

（臺灣）李濟：再談中國上古史的重建問題

（日本）小倉芳彥：顧頡剛與日本

（美國）余英時：顧頡剛、洪業與中國現代史學

（香港）許冠三：顧頡剛：始於疑終於信

（香港）饒宗頤：古史重建與地域擴張問題

其他

3752　孫欽善，王充與辨偽，北京大學學報，1985（5）

　　【解題】從「集中解駁讖緯及今文經學所宜揚的天人感應迷信邪說」、「離經叛道，辨儒家聖賢立說之偽」、「不從俗說，考辨群書真偽」、「實事求是的多種辨偽方法」四個方面介紹王充的辨偽成就。

3753　戴建庭，胡應麟與古書辨偽，浙江師範大學學報，1990（3）

　　【解題】胡應麟總結了偽書的情狀，並作詳細的分類和總結，為後代辨偽學樹立了範本；提出了一套辨偽方法，啟示了辨偽之途徑，起繼往開來之作用；進行了詳細的辨偽工作，明定了一批偽書，為後世學者提供了方便。

3754　耿天勤，劉知幾辨偽的貢獻，山東師大學報，1992（6）

　　【解題】劉知幾在唐代首倡辨偽，開風氣之先，不僅考辨經史中的偽事、虛語，而且考辨各種偽說、偽書。其辨偽方法有：考察記事是否「合理」、有無矛盾，考察與可靠文獻是否相乖，考察同時代的目錄書有無著錄，考察其語言、文體是否與時代相符，考察多種有關材料是否一致。

3755　李蔥蔥，胡應麟辨偽學成就初探，歷史文獻研究（北京新三輯），北京：北京燕山出版社，1992

　　【解題】胡應麟不僅重視從宏觀角度發明有關原理，初步構成一套較為完整的辨偽學理論框架；而且注意從歷史因素入手分析作偽的原因及作偽者的心理，把對歷史的研究和考證建立在正確和理性的認識基礎之上。胡應麟的辨偽學處在一個承上啟下、繼往開來的重要地位，清代及近代辨偽學的發展基本上承襲了胡應麟開創的上述兩個方向，只不過內容更趨縝密和完善罷了。

3756　張小樂，劉知幾辨偽探微，山東社會科學，1998（4）

　　【解題】該文抄襲耿天勤《劉知幾辨偽的貢獻》一文。此風不可長。

3757　徐清，試論《書畫書錄解題》一書的書法文獻辨偽，南京藝術學院學報，2004（3）

　　【解題】余紹宋《書畫書錄解題》雖是目錄學方面的著作，但其中滲透著很強的觀念因素，這種觀念與二十世紀前期的中國文化背景與學術思潮有著密切的關聯，新史學觀念和疑古思想作為余紹宋古代書法文獻的辨偽的觀

念支撐，使其與清代的書法文獻辨僞相比，更具鮮明的特徵和反思的力度。

3758　張濤，錢大昕的史籍辨僞，史學史研究，2005（4）

　　【解題】錢大昕力求從歷代著錄、前人稱引、文體形式、作者情況、主要內容等方面入手來尋找辨僞證據，審訂謹嚴，考證精覈，論述充分，取得了較爲明顯的學術成效。此外，他還注意通過分析書中內容的前後矛盾、牴牾之處，對史籍進行認眞考辨。

3759　朱梅光，章學誠文獻學成就初探，安徽大學碩士論文，2005

3760　王瓊，胡適的辨僞學理論和實踐，蘭州教育學院學報，2006（4）

　　【解題】胡適的辨僞學貫穿著「大膽的假設，小心的求證」這一方法論原則。在此方法論指導下，胡適發現了清代辨僞學家崔述，並高度評價其辨僞學方法。胡適的方法論的形成是中西文化融合的產物，從這一方法論出發，總結了自己的辨僞學思想，並在諸子學、《水經注》研究及其他領域進行辨僞學的實踐。

3761　朱梅光，章學誠辨僞學成就初探，湖南社會科學，2006（4）

　　【解題】在系統地考察了章學誠辨僞理論，從關於僞書產生的內外因之論述，到重點探討章氏關於僞書眞僞問題的辨言，最後述及章氏提出以目錄學知識來辨僞防僞的主張。結論：古人「言公之旨」是章氏辨僞學說的宗旨和核心，而將目錄學知識引入辨僞是其在辨僞實踐中的創見，此兩大貢獻奠定了章氏在辨僞之學上的地位。

3762　張濤，錢大昕的古書辨僞成就，鄭州大學學報，2007（1）

3763　徐道彬，戴震辨僞成就述論，古籍整理研究學刊，2007（1）

　　【解題】戴震是清代引領一時學術風尚的考據學大師，治學注重辨章學術，考鏡源流，對古人作僞之書能夠博綜群籍，參互考證，使僞者自出，眞者自存，充分體現出「不以人蔽己，不以己自蔽」的治學風格，其態度和方法對於後來學者有著深刻影響。然戴震辨僞之學既無理論著述，也無集中辨僞專書，而是在考據實踐中隨處對具體問題作具體辨僞或證眞，故今人論清儒辨僞之事多不及之。該文從實例出發，略述戴氏在辨僞方面的成就。

3764　譚德興，論鄭珍對日本《古文孝經孔氏傳》之辨僞，遵義師範學院學報，2007（4）

【解題】鄭珍辨偽的主要貢獻在於論證《四庫全書》所收錄的日本《古文孝經孔氏傳》為偽書。

3765 賈名黨、何晶，柳宗元「辨偽」論略，欽州學院學報，2007（5）

【解題】柳宗元從多個層面對先秦諸子書進行質疑，寫下了多篇辨偽之作。在這些作品中，柳宗元信奉儒學、融匯佛學、貶低道學；繼承了《春秋》學派之疑經思想、反對經學中的章句師；拓展了辨偽方法，推動了古籍辨偽學的發展，在辨偽學史上作出了積極貢獻。

3766 張驍飛，宋代疑古第一人——歐陽修的疑古思想及辨偽成果，河南大學碩士學位論文，2007

【解題】通過分析歐陽修疑古思想的代表著作，來展示歐陽修的疑古辨偽成果，總結其辨偽方法。認為滋生他疑古思想的原因有：（1）宋代學人理性精神的增強；（2）佛教思想對宋人思想的影響；（3）雕版印刷的發展為文人讀書提供的優厚條件；（4）韓、柳疑古思想對他的影響；（5）理性地審視經典是他疑古思想產生的直接因素之一；（6）以「致用」為目的的求實觀念是他疑古思想產生的第二個因素。

3767 張小樂，劉知幾的疑古思想與辨偽實踐，華南師範大學學報，2008（5）

【解題】劉知幾從強調史料真實的角度出發，要求撰史者一定要善於考辨文獻，對包括儒家經典在內的幾乎所有史籍進行了系統的清理和批判，辨偽方法多樣，開有唐一代疑古辨偽之風。

3768 張麗珠，疑古與證古——從康有為到王國維，政大中文學報，2008（9）

3769 侯佳，宋代辨偽第一人——鄭樵的辨偽成果、思想、方法及其影響，河南大學碩士學位論文，2008

【解題】鄭樵的辨偽成果主要有對《詩序》的質疑，對毛傳、鄭箋的質疑和對孔子刪詩說的考辨；他從事辨偽活動能夠總結偽說的形成規律，運用歷史主義的方法考辨偽說；其辨偽思想以理性精神為指導，態度科學求是。鄭樵辨偽成就卓著的原因，在客觀方面有二：其一，宋代疑辨思潮興起，懷疑風氣盛行於世；其二，福建地處東南，為宋代三大刻書中心之一，為鄭樵讀書思辨提供了優厚的物質條件。主觀方面有二：其一，鄭樵反對空談，主張踏踏實實做學問；其二，鄭樵一生埋頭治學，學養深厚。

3770　賈名黨、孟祥東，劉知幾與柳宗元辨偽方法論略，晉中學院學報，2009
　　　（5）

　　　【解題】柳宗元繼承了劉知幾於史實和文義等層面來考辨古籍真偽之路
徑，並在從源流、語言文字、古籍之著者考辨及偽書並非毫無價值亦有可取
之處等諸多方面對古籍辨偽方法作了新的拓展。

3771　李伏清，論柳宗元的辨偽思想，邵陽學院學報，2009（6）

　　　【解題】柳宗元在辨偽方面主要表現從源流、著述作者、文辭、史實、
文義內容等角度對諸子學產生了系列的懷疑，並進行論辯。柳宗元這一思想
為宋代辨偽思想的全面展開拉開了序幕。

3772　王學林，淺述鄭樵的文獻編目與辨偽理論，江漢大學學報，2010（3）

　　　【解題】鄭樵提出的文獻整理之理論方法不僅拓寬了史學研究的範圍，
而且在總結漢唐以來文獻整理的基礎上加以實踐，初步奠定了文獻學的基
礎。其文獻整理中的有關文獻編目與辨偽理論，精闢地論述了文獻編排著錄
的一系列原則以及如何辨別偽書，如何對待難辨真偽的文獻的理論。

3773　許葆華，王重民古籍版本辨偽成就述略，大眾文藝，2010（3）

　　　【解題】版本辨偽是古籍版本鑒定的一個組成部分，王重民在辨別偽本
方面有突出的成就，其版本目錄學專著《中國善本書提要》及《補編》中有
幾十個條目述及版本作偽及辨偽。該文分辨卷數作偽、辨書名作偽、辨序跋
作偽、辨藏書印鑒作偽、辨批校題識作偽、辨多重手段作偽等六個方面來論
述。今按：版本辨偽與文獻辨偽不同，此條連類而及。

3774　李英，王應麟與辨偽學，魅力中國，2010（11）

　　　【解題】該文標題有誤，「王應麟」當改作「胡應麟」。此類劣文不過存
目而已。

3775　王化平，劉咸炘論古籍辨偽，西南大學學報，2011（1）

　　　【解題】劉咸炘對古書體例的研究，比如其目錄學，深受章學誠的影響，
在章學誠的基礎上加以推演、補充，最終形成自己的理論；主張古籍辨偽要
重視校讎學和辨明書籍的宗旨，且嚴格定義偽書的概念，要論證一部書是偽
書，不僅要考證出真實情形、找出造偽者，而且要找出他的造偽動機；在分
析一些古籍的真偽時，不輕疑，不迷信，始終堅持從古代知識傳播的特點、

古書成書和流傳的特點及規律出發，細緻辨明書中各篇的內容、主旨和體例，這就使一些可疑的古書在他手裏成爲可資利用的材料。

3776 何周、張子俠，呂思勉的文獻辨偽實踐，古籍整理研究學刊，2011（5）

【解題】呂思勉在文獻辨偽上有很多突出的成就，經、史、子三部都有涉及，而且有的有很詳盡的辨別。呂思勉的辨偽實踐，既不對古書一味迷信，也不一味懷疑，本著實事求是的精神，繼承歷代學者的辨偽成就和方法，對古代文獻加以辨別和清理。他作出的辨偽結論應該是可信和中肯的，這些結論在今天仍有其指導意義，閱讀古書和引用古史還是可以參考他的看法的。

3777 何周，呂思勉的辨偽思想，淮北師範大學學報，2011（6）

【解題】呂思勉的文獻辨偽思想主要可以概括爲：古書不容輕信，又不容過疑；凡書無全偽者，偽書大多「仍各有其用」；古史不僅「層累地造成」，同時又「逐漸地剝落」；不見記載者，不能決其必無也；傳之與經，信否亦無大分別；其所謂實物者，實未必皆可信，等等。

3778 趙爭，古書體例研究與古書辨偽——以孫德謙、劉咸炘、余嘉錫爲中心的考察，湖南科技學院學報，2012（1）

【解題】孫德謙、劉咸炘、余嘉錫三位學者關於古書體例的研究，其直接動因大致皆出於對疑古辨偽活動的回應，且其均深諳校讎之學，故可據之以爲資源而發論。其古書體例的論述多矚目於兩個層面：古書部類條別——經、史、子、集源流部別和較爲具體的古書通例——名目、篇卷、撰述體例等，基本明確了古書體例研究的大致範疇。傳統校讎學出於「辨章學術，考鏡源流」之旨，其學實多矚目於部類條別及編次之法，於具體的古書通例論列相對薄弱。余氏將涵蓋於傳統校讎學中的對象獨立領出，廓清了各自的研究範疇，實際參與並推動了校讎學從傳統學問形態向近代學術轉型的過程。總之，對古書疑偽活動的省思與疑古辨偽活動一起，辯證地完成了對古書的第一次反思；在古書疑偽活動的刺激下，古書體例研究作爲回應古書疑偽活動的核心問題被提出，進而將對古書的反思帶向更廣闊、更深邃的思考層面。今按：劉爲天才，余爲人才，孫爲地才。

3779 童子希，高似孫辨偽方法探析，黃岡師範學院學報，2012（1）

【解題】根據《子略》將高似孫的辨偽方法總結爲九種：據目錄辨偽、

據年代辨僞、據思想辨僞、據內容辨僞、據引文辨僞、據序跋辨僞、據史源辨僞、據文辭辨僞、據撰者辨僞。認爲高似孫在《子略》中採用的辨僞方法已經比較成熟，在中國辨僞學史上是上承柳宗元，下啓宋濂、胡應麟的重要人物。

3780 陳玫玲，啖助辨僞學說初探——以《春秋集傳纂例》爲例，臺北市立教育大學學報，2012（1）

3781 朱曉梅，張舜徽「辨僞」思想發微，群文天地，2012（6）

【解題】張舜徽的辨僞思想主要體現在其「僞書雖僞，不可盡廢」和「好古深思，不爲所迷」等辨僞原則方面，也體現在其多管齊下、宏觀微觀相結合的系列辨僞方法。他以求眞爲目的，將辨僞學提高到了治學根本的高度，並將其作爲一個獨立的學科對待，這在中國文獻學史上是具有開拓意義的。

3782 吳有定，王充的辨僞觀念與實踐，韶關學院學報，2012（5）

【解題】王充對虛妄之書及其產生有其獨特的見解：世俗「好奇怪」、「信虛妄」的習性是滋生僞書的土壤，而作僞者無原則地投世俗之所好而隨意誇大、杜撰是僞書產生的直接要因；僞書直接導致世俗「是非不定」，貽害無窮，因此對僞書應當清除務盡。爲了消滅華僞之文，進而實現「純誠之化」的理想，王充堅決與「虛妄之傳」針鋒相對，既有對僞事僞說的考辨，也有對僞書的考辨。

3783 周勇軍，略論韓愈在辨僞學史上的成就及其影響，周口師範學院學報，2014（1）

【解題】從文獻學的角度出發，對韓愈疑古辨僞思想的分析，闡明他在辨僞學史上的成就和影響。

3784 孫靈芝、王國爲、閆慧茜，謝仲墨及其中醫古籍辨僞工作考，中醫文獻雜誌，2015（5）

【解題】專門辨中醫僞書的當代人，當首推謝仲墨。謝仲墨關於中醫古籍辨僞工作始於 1935 年左右。1935 年 7 月開始，以「衛原」之名在期刊《中醫新生命》上發表《中醫僞書考》，直至 1937 年。最晚至 1937 年完成《中國歷代醫學僞書考》三卷，考證歷代醫書 140 餘種。1963 年，在中國中醫研究院（今中國中醫科學院）油印出版內部資料，定爲《歷代醫書叢考》，對 23

類 204 種醫學文獻進行了考證。從 1935 至 1963 年，28 年時間不斷完善對中國醫書辨偽考證的工作。然其「文革」之中因故逝世，其人其事皆不聞於世，有感於其對中醫文獻進行的大量辨偽工作，現特撰此文，弘揚其志。

3785　聶建建，楊蔭瀏先生古史辨偽觀念初探，南京藝術學院學報（音樂與表演），2016（3）

【解題】運用對比、文本分析等方法，對楊蔭瀏先生著《中國音樂史綱》一書中的古史辨偽觀念進行時代語境下的解讀，並對《中國音樂史綱》和《中國古代音樂史稿》中的古史辨偽觀念的關係進行探討。

3786　孫新梅，羅根澤諸子辨偽成就，吉林省教育學院學報，2016（7）

3787　李龍博，熊十力辨偽釋經法研究，河北師範大學碩士學位論文，2016

【解題】自《論六經》以後，對六經的辨偽在熊十力的經學著作中是不可或缺的一部分。因此，若要真正理解熊十力的經學思想，首先就應探討他究竟是如何辨偽的。第一部分主要探討熊十力辨偽釋經法的緣起。雖然在《讀經示要》中熊十力認為不能以輕疑的態度讀經，但他並未否認六經中存在後人作偽，這時他並沒有明確的辨偽意識。熊十力十分重視《春秋》，在他對《春秋》成書過程的探尋中，已經意識到漢儒對《春秋》進行了大規模的改動，他的態度逐漸發生搖擺，拉開了對六經進行系統性辨偽的序幕。第二部分主要探討熊十力辨偽釋經法的內容。熊十力認為孔子作《春秋》所明之義即為「貶天子、退諸侯、討大夫」，並因此為當時統治者所憎惡。熊十力將《論語・陽貨》中孔子欲應公山弗擾之召一事，作為孔子行「革命之事」的證據，通過分析前人對此事的討論，發現「新周」一說可以很好地解釋孔子欲應召的行為，而所謂「新周」正是「貶天子」之意。為了證明六經存在作偽一事不是其一家之言，熊十力在《論六經》中認為六經遭到了焚書和漢儒改竄，焚書使六經的存世量降到了相當低的程度，秦漢之際經文的解釋權又牢牢掌握在少數儒生手中，這兩個依據確實使六經的偽造成為了可能。在《論六經》中，雖然熊十力的辨偽思想已初具規模，但他並未就此止步，而是在《原儒》中進一步將他的辨偽釋經法發展為「大道」與「小康」之分。為了解決「微言」與「大義」的矛盾，熊十力拋棄了「微言」與「大義」的區分，認為六經皆是孔子「微言」，並將孔子思想分為早、晚兩期，繼承孔子早年思想的小康學派在孔子去世後就對六經進行了改竄，這樣就將六經的改竄提前到了戰

國時代，卻也使熊十力對六經的辨偽變得無法被證實。今按：熊説多爲臆論。

3788　蘇金俠，晁公武和陳振孫文獻辨偽研究，圖書館建設，2017（7）

　　【解題】晁公武和陳振孫在宋代文獻辨偽學的發展中貢獻了很大的力量，但其成就在後世並未引起足夠的重視。兩人的文獻辨偽主導了宋代文獻辨偽中文獻類型的比例。在考辨書籍眞偽時，他們兼用了内證和外證的方法。同時，他們既有對前人已經考辨文獻的進一步研究，又有對前人未曾考辨文獻的辨偽。兩人在文獻辨偽中也存在著取證單一，過度依賴一種方法，嚴謹性不足；沒有明確指出某一書爲偽書的具體原因，文獻考辨過於主觀性而流於草率等不足。

3789　毛天宇，鄭樵文獻辨偽的原則與特點，圖書情報研究，2018（1）

　　【解題】通過對《通志校讎略》中鄭樵關於文獻目錄、辨偽理論等文獻鑒辨成果的分析，總結出鄭樵在鑒辨文獻時始終遵循的一些基本原則和特點。鄭樵的文獻辨偽理論與實踐中貫穿著「孤證不立」、「信以存信」、「端正考風」的辨偽原則，其文獻辨偽具有實事求是的精神，無成見，不譏評。其辨偽工作體現四個顯著特點：善於總結偽説的形成規律，注重運用歷史主義方法，注重「明文字」與「明六經」，堅守求眞尚實的科學態度。

辨偽學通論

3790　楊鴻烈，中國偽書的研究，晨報副鐫，1924（7）

3791　張西堂，古書辨偽方法，學燈，1925（3）

3792　高本漢，論考證中國古書眞偽之方法，中央研究院史語所集刊，1931（3）

3793　胡適，辨偽舉例——蒲松齡的生年考，新月，1931（1）

3794　普暄，古書多偽的原因，女師學院期刊，1947（1～2）

3795　梁容若，中國文學史上的偽作擬作與其影響，中國文學研究，臺北：三民書局，1967

3796　黃永武，詩歌辨偽法，中國詩學考據篇，臺北：巨流圖書公司，1977

3797　李致忠，古書造偽與版本學，北圖通訊，1978（2）

3798　黃裳，古書的作偽，讀書，1979（6）

3799　杜凱，古籍中偽書的辯證，河北大學學報，1981（2）

3800　何槐昌，明清書籍作偽的種種手段及其識別，圖書館研究與工作，1982（1）

3801　唐鉞，考訂古書撰作年代通則補說，文史，1982（15）

3802　畢呂貴，偽書不足證，圖書館學研究，1983（5）

3803　鄭良樹，古籍辨偽學的成立及其研究範圍，書目季刊，1983（4）

3804　姜亮夫，古籍辨偽私議，學術月刊，1983（6）

3805　陳初定，試析中國古代偽書之產生，河南圖書館季刊，1984（4）

3806　艾力農，試論先秦諸子書的辨偽，齊魯學刊，1984（3）

3807　鄭良樹，論古籍辨偽學的新趨勢，續偽書通考，臺北：學生書局，1984

3808　孔智華，我國古籍中的偽書與辨偽學，江蘇圖書館學報，1985（1）

3809　陶寶慶，偽書鑒別二例，圖書館工作與研究，1985（1）

3810　洪湛侯，辨偽，語文學報，1985（9）

3811　蔡成瑛，偽書、偽本和偽裝書漫談，青海圖書館，1986（3）

3812　霍桐山，古籍辨偽，青海圖書館，1986（3）

3813　施天侔，論辨偽，河北師院學報，1987（1～2）

3814　陳玉蘭，辨偽的目的和偽書的利用，杭州大學學報，1988

3815　張世超，詞義的時代性與古書辨偽，古籍整理研究學刊，1990（1）

3816　车玉亭，文獻目錄與古籍辨偽，古籍整理研究學刊，1990（1）

3817　车玉亭，古書作偽原因考，古籍整理研究學刊，1990（1）

3818　張漱瑜，辨偽古今談，齊齊哈爾師範學院學報，1990（2）

3819　丁邦新，聲韻學知識用於推斷文學作品時代及眞偽之限度，中國文哲
　　　研究集刊，1991；聲韻論叢，1992（4）

3820　黃鎮偉，辨偽學研究書錄，貴國學刊，1991（4）

3821　车玉亭，古典目錄學與辨偽學的產生，圖書館學研究，1994（3）

3822　车玉亭，試論從作品本身考辨古籍眞偽，圖書與情報，1994（4）
　　　【解題】用例舉的方法總結了幾種辨偽的方法，並指出從作品本身所包
含的信息去辨偽不失爲一種有效的方法。

3823　簡宗梧，運用音韻辨辭眞偽之商榷，（臺灣）聲韻論叢，1994（1）

3824　杜澤遜，四庫提要辨偽方法探微，歷史文獻研究（北京新 6 輯），北京：
　　　北京師範大學出版社，1995

3825　陳華，文獻辨偽與社會文化，浙江社會科學，1996（3）

3826　黃樸民，豈容偽書自逍遙，尋根，1997（1）

3827　張鳳桐，論古籍偽書的特徵及價值，圖書館學研究，1998（6）

3828　鄭良樹，論古籍辨偽的名稱及其意義，諸子著作年代考，北京：北京
　　　圖書館出版社，2001

3829　鄭良樹，疑古與復古——論古籍辨偽的方向，諸子著作年代考，北京：
　　　北京圖書館出版社，2001

3830　高文，古籍辨偽方法，中國文化報，2002，5，9

3831　王志振，近代的三大偽書，山西檔案，2002（4）

3832　熊鐵基，重新認識古書辨疑，光明日報，2002，12，24（B3）

3833　何槐昌，怎樣識別偽書，圖書館雜誌，2003（3）

3834　王魁偉，偽書文獻語料價值述略，漢語史學報，2003，5，31

3835　簡文輝，淺談古籍偽書的編撰意圖及其價值挖掘，古籍整理研究學刊，
　　　2004（3）

【解題】探討了古籍偽書編撰產生的六類主要意圖，並對不同偽書存在
價值的挖掘點進行思考。

3836　毛凌文，偽書脞語，圖書館論壇，2004（4）

3837　楊大忠，淺談目錄與版本及辨偽書的關係，大學圖書情報學刊，2006
　　　（1）

【解題】論述了版本形式的變化對目錄形式的影響，以及通過目錄辨別
版本優劣及真偽的方法。

3838　張廷銀，族譜中所見王羲之佚文辨偽——兼及族譜在當代文史研究中
　　　的作用，清華大學學報，2006（1）

【解題】這幾篇署名王羲之的文章，其實都是偽託之作。並指出，我們
使用族譜資料時，特別是對待其中有關歷史名人的資料時，一定要格外謹慎，
不可盲從。

3839　紀準，《堯典》與「詩言志」的關係：從一個側面探索上古辨偽的新思
　　　路，太原師範學院學報，2006（5）

【解題】「詩言志」是中國詩學的第一個理論命題，對它的研究繞不開
它與《堯典》的關係。任何歷史事件在進入史冊以前，都存在一個口耳相傳
的階段，我們應該把事實和書寫區別開。具體到史前史，我們尤其不能帶著
文明的偏見，歪曲文字成熟以前的種種人文現象。從地下考古的成績來看，《堯
典》所載堯舜禹的時代是基本可信的，其文明程度也並非我們想像的那麼低
下。反映詩歌舞合一的「詩言志」由一個熟練掌握這種高度文明的史前歷史
人物說出來，完全是可能的。

3840　龔延明、李裕民，宋人著作辨偽，宋史研究論文集（第十一輯），成都：
　　　巴蜀書社，2006

3841　王娜，辯證看待古人辨偽，晉圖學刊，2007（3）

【解題】從辨偽的歷史、辨偽的內容、辨偽的方法等方面談到了古人在

古書辨偽工作上的歷史功績，同時也指出了他們的階級局限性，提倡現代人
要用辯證的眼光去看待他們的辨偽工作。

3842 楊善群，論古籍辨偽的撥亂反正，學術界，2007（4）

3843 王記錄，說中國古代辨偽的思想，淮北煤炭師範學院學報，2007（4）

3844 陳以鳳，西漢孔氏家學及「偽書」公案，曲阜師範大學碩士學位論文，
      2007

3845 楊大忠，《郡齋讀書志》對版本學與辨偽學的影響，安徽大學碩士學位
      論文，2007

3846 李連英，偽書泛濫——出版之痛，文化之痛，全國新書目，2007（22）

3847 徐欣，試論偽書的辨別及其對檔案文獻編纂的啟示，雲南檔案，2008
      （1）

3848 陳宏平，從偽書泛濫看出版誠信，中南林業科技大學學報，2008（6）

3849 劉識文，從古典文獻學角度論偽書的價值，蘭臺世界，2008（10）
      【解題】主要論述偽書存在的史料價值、學術價值、思想價值等，同時
也從側面說明，對待偽書我們應該既要看到它的弊端，同時也要看到它自身
存在的價值，這樣才能更好地為各項事業服務。

3850 王國強，簡帛文獻學中文獻辨偽觀念和方法研究述評，圖書情報知識，
      2008（6）
      【解題】傳統文獻學界以靜止不變的觀念看待古書的形成和流傳，並由
此形成了一套文獻辨偽方法，而簡帛文獻的出土則提供了古書形態和流傳的
真實圖景，引起了學術界對於傳統文獻辨偽觀念和方法的反思。文章述評了
簡帛文獻學界關於文獻辨偽觀念和方法新的研究成果，並對文獻學建設提出
了一點建議。

3851 王新鳳，淺論古偽書的利用價值，延安大學學報，2009（1）
      【解題】中國古籍中的偽書是一定歷史文化的積澱遺存，其大體可分兩
種：一種是內容、著者造偽；另一種是書的版本造偽。偽書雖然不能作為該
時代的史料，但可作為研究偽作時代的參考史料。不同性質、不同程度的偽
書都有著各自不同的利用價值，研究古籍中偽書的科學價值、史料價值和文
學價值，對現時代史料研究具有重要的理論指導意義。

3852 蔡淑敏，偽書產生的原因及其對策，青海社會科學，2009（4）

【解題】將古籍偽書與近年出現的偽書相比較，探討了偽書產生的原因及其治理對策。

3853 宋蓉，從比較視角看當今偽書的危害，黑龍江科技信息，2009（22）

3854 王娜，淺析傳統偽書與現代偽書的異同，圖書館界，2009（1）

3855 陳雪梅，從《三字經》看古籍作者辨偽的主要方法，河南圖書館學刊，2009（2）

【解題】確定古籍作者的方法很多，可依據的至少有名家注疏和版本實物、人物傳記或地方志的記錄、作者的學術背景、其他作品的佐證、作品的文體和語言特點、作品產生地域的特點以及作品的傳播路線。一種古籍的考辨有賴於其他古籍，而後者的真實性同樣有待考證，這正是古籍辨偽的悖論和難點所在。

3856 鄭傑文，也談古代文學研究中的考證、辨偽和古典文獻的利用，文學評論，2009（4）

【解題】學術研究必先確定研究對象的真偽，這就需要辨偽；學術研究必先釐清研究對象所處的確切時間與具體環境，這就需要考證；古文學研究還需進行作品的會通性考證以及作家或作品的編年考證，這些考證和辨偽都離不開文獻。尤應強調的是，在上古文學研究特別是考辨中，應特別注意出土文獻和古佚書的利用；在中古和近古文學研究特別是考辨中，應特別注意佛道文獻的利用；在近古文學研究特別是考辨中，除佛道文獻的利用外還應特別注意民間文獻的利用。重視建立在各類古典文獻基礎上的考證和辨偽，是完善東方學術研究體系的重要環節。

3857 吳銳，中國古典學：疑古與辨偽，中國社會科學院報，2009，4，7

3858 劉漢初，略論以風格為詩歌辨偽依據的有效度問題，東華人文學報，2009（15）

3859 周斌、馮佳，以古為鑒治偽書──論建立治理偽書長效機制的必要性，黑龍江史誌，2010（23）

3860 葛紅兵，「偽書時代」誰能發願向菩提，書城，2010（10）

3861 雷振岳，出版社別成了偽書的推手，中國質量萬里行，2010（7）

3862 楊艷利，「偽書」的危害及治理，新聞世界，2010（6）

3863　陳霞，從典型偽書到研究要籍，孔子研究，2010（1）

3864　方繼孝，書札的作偽及辨偽，博覽群書，2010（9）

3865　楊大忠，論《郡齋讀書志》辨偽證據的互補性，古籍研究，2010

3866　楊善群，近三十年來古籍辨偽研究工作的新進展，中華文化論壇，2011
　　　（1）

3867　顏宇美，四庫館臣辨偽學研究，臺北大學古典文獻研究所學位論文，
　　　2011

3868　王欣，紀輝，文獻辨偽史略，科技情報開發與經濟，2011（16）

3869　佟大群，清代文獻辨偽問題研究百年，東北史地，2011（5）

3870　邵青，國故與國魂——整理國故運動中關於孫子兵法辨偽的一場論
　　　手，南京大學學報，2011（4）

3871　張昌紅，古籍辨偽獻疑，圖書館論壇，2011（4）
　　　【解題】隨著對出土文獻的深入研究以及電子檢索等現代學術手段的使
用，許多「偽書」被證明其實並不偽；這就迫使我們對古籍辨偽的概念、目
的、方法、證據、論證過程以及成果應用等提出質疑，並對存在的問題進行
深刻的反思。

3872　王林豔，中國古代文獻辨偽的方法體系述評，淮北師範大學學報，2011
　　　（6）
　　　【解題】中國古代文獻學家在長期的文獻辨偽的實踐中逐步形成了從文
獻作者、文本內容以及文獻流傳三個方面入手考辨文獻真偽的方法體系。從文
獻作者角度辨偽，主要考查書籍與撰作者的行跡、思想、學術水平、生卒年代
等方面的矛盾，進而發現問題，做出判斷。從文獻文本出發辨偽，主要從文本
中的文體、風格、語詞、史實、稱謂、制度、地理沿革等內容來考察是否與事
實相符，繼之判斷文獻真偽。從文獻流傳角度辨偽，主要考察文獻在社會上流
傳時是否見之於目錄記載、是否被別人徵引以及是否有佚文流傳等，依靠文獻
流傳時存留下的印痕來辨其真偽。古代文獻學家圍繞文獻的產生、內容和流傳
所形成的辨偽方法體系，是中國歷史文獻學極具民族特色的一部分。

3873　王連龍，清華簡《保訓》篇真偽討論中的文獻辨偽方法論問題——以
　　　姜廣輝先生《〈保訓〉疑偽新證五則》為例，古代文明，2011（2）
　　　【解題】以姜廣輝先生《〈保訓〉疑偽新證五則》所提出現代造偽說的

五條新證據爲例，從文獻的載體、文辭、文法及思想内容等辨僞角度，對清華簡《保訓》篇眞僞討論中的文獻辨僞方法論問題進行系統論述。

3874　吳有定，漢代僞書產生的背景及作僞的動機，韶關學院學報，2012（3）
3875　張志強，從僞書現象探討出版企業的規範化發展，淮陰師範學院，2012（2）
3876　程要遠，文獻辨僞史略，快樂閱讀，2012（14）
3877　佟大群，《四庫全書總目提要》文獻辨僞學成就研究，明清論叢，2012
3878　馬靜，淺談僞書的價值及其利用，科技情報開發與經濟，2012（20）
　　【解題】分析僞書出現的原因（有歷史的、社會的、政治的、自然的、個人的等複雜原因，是某一特定歷史時期的產物），並闡述了僞書的價值和利用，指出應將僞書中有價值的資料保存下來。

3879　鄭慧，元代檔案文獻辨僞成就評述，檔案學通訊，2012（2）
3880　羅琴，古籍整理中的辨僞例說，重慶師範大學學報，2012（4）
　　【解題】在總結歷代學人關於辨僞理論及方法的基礎上，以古籍整理實踐中的九個典型實例，具體說明辨僞的方法：考證作者的生平事蹟，審核作品的思想内容，檢驗作品的語言風格，查閱歷代的相關書目，尋找各種有用的旁證等，以期盡可能恢復古籍原貌。

3881　顏軍英，古僞書的辨僞及其存在價值，科技信息，2012（26）
3882　寧鎭疆，「盜者之眞贓」──由王國維推許《家語疏證》說經典辨僞學「範式」的擴大化，齊魯學刊，2013（1）
　　【解題】經典辨僞學「輯佚」的方法論「範式」，本身即不無問題。孫志祖於此未察，轉而將此法用之於《孔子家語》的辨僞，將先秦、兩漢古書之間常見的「互見」現象認定爲造作之跡，既昧於古書體例，也反映了經典辨僞學「範式」擴大化的弊病。先秦、兩漢古書之間的「互見」乃古書之常例，故每每溢出辨僞學的慣常邏輯，這既昭示經典辨僞學的「限度」問題，也凸顯目下古書體例及古書成書研究對於經典辨僞學方法論革新之重要意義。

3883　陳穎，清代杜詩辨僞學史研究，河北大學碩士學位論文，2013
　　【解題】以杜詩輯佚與辨僞學史爲研究對象，以清代杜詩辨僞學史之研究爲主軸，考察宋代杜詩輯佚過程，並論析清代杜詩辨僞學史的主要發展歷

程。通過論析李因篤、朱瀚、周春、梁運昌等人的辨僞方法，梳理清代杜詩學者對杜甫逸詩之辨僞概貌，進而對清代辨僞學史進行勾勒式描繪，對清代學者逸詩辨僞的標準進行總結和平議。

3884 楊果霖，臺北大學「古籍辨僞資料系統」的建置及其應用，古典文獻與民俗藝術集刊，2013（2）

3885 王願石，僞書問題及其治理，赤峰學院學報，2013（11）

3886 佟大群，論「文獻辨僞」與清代學術，明清論叢，2014

3887 王國強、孟祥鳳，論中國文獻辨僞方法建設的基本方向，圖書館論壇，2014（10）

【解題】中國文獻辨僞方法建設近百年來取得了一定成績，但是在邏輯的嚴謹性、體系的完整性以及對辨僞客體的適用性等方面還存在一些缺陷。該文以疑古派和出土文獻派文獻辨僞方法爲例，總結現當代中國文獻辨僞方法，分析中國文獻辨僞方法的成就和局限，提出中國文獻辨僞方法建設的基本思路，勾勒中國文獻辨僞方法體系的基本框架。

3888 李國慶，辨僞釋例——以天津圖書館藏三部僞書爲例，天一閣叢第十二輯，2015

3889 王國強、劉雲飛，近十年中國文獻辨僞學研究述評，圖書館論壇，2015（12）

3890 姜麗彥、鄭坤，20世紀以來辨僞論文分析研究，中國市場，2015（50）

3891 王化平，論「僞書」的定義及判定原則，西南大學學報，2016（4）

3892 史麗君，論《四庫全書總目》的辨僞學成就，圖書館建設，2016（6）

3893 郭康松，《四庫全書總目》的辨僞學發微，四庫學，2017（1）

3894 孫英傑，古籍文獻中僞書的成因及其價值探究，九江學院學報，2017（1）

3895 石慶功，敦煌漢文寫卷作僞與辨僞方法初探，河北科技圖苑，2017（3）

3896 孫靈芝，中醫古籍僞書研究，中醫文獻雜誌，2018（2）

【解題】通過對當前辨僞研究中的醫書辨僞研究進行總結分析，認爲有必要對中醫古籍疑僞書目進行全面梳理。

辨僞專著

3897 劉汝霖，周秦諸子考，北京：文化學社，1929

3898 黃雲眉，古今僞書考補證，南京：金陵大學中國文化研究所，1932；
      濟南：齊魯書社，1980

3899 （日）內藤虎次郎等，江俠庵譯，先秦經籍考，上海：商務印書館，
      1933

3900 張心澂，僞書通考，上海：商務印書館，1939；上海：上海書店，1998

3901 顧頡剛主編，古籍考辨叢刊（第一集），北京：中華書局，1955；北京：
      社會科學文獻出版社，2010

3902 羅根澤，諸子考索，北京：人民出版社，1958

3903 余嘉錫，四庫提要辯證，北京：中國社會科學出版社，1958

3904 余嘉錫，古書通例，上海：上海古籍出版社，1985
      【解題】古書體例的研究與古書辨僞聯繫密切，余嘉錫的《古書通例》
在章學誠等人的基礎上，對古書體例作了更爲詳盡的論述，書中的諸多觀點
對於辨僞學有重要的理論指導意義。今附目錄於下：
      卷一　案著錄第一
            諸史經籍志皆有不著錄之書
            古書不題撰人
            古書書名之研究
            漢志著錄之書名異同及別本單行
      卷二　明體例第二
            秦漢諸子即後世之文集
            漢魏以後諸子

古書多造作故事

卷三　論編次第三

古書單篇別行之例

敘劉向之校讎編次

古書之分內外篇

卷四　辨附益第四

古書不皆手著

3905　鄭良樹，續偽書通考，臺北：學生書局，1984

3906　鄭良樹，古籍辨偽學，臺北：學生書局，1986

3907　吳光，古書考辨集，臺北：允晨文化實業股份有限公司，1989

3908　梁啓超，古今偽書及其年代，揚州：江蘇廣陵古籍刻印社，1990

3909　林慶彰，清初的群經辨偽學，臺北：文津出版社，1990；上海：華東師範大學出版社

3910　鄧瑞全、王冠英主編，中國偽書綜考，合肥：黃山書社，1998

3911　俞兆鵬主編，中國偽書大觀，南昌：江西教育出版社，1998

3912　鄭良樹，諸子著作年代考，北京：北京圖書館出版社，2001

3913　陳福康，井中奇書考，上海：上海文藝出版社，2001

3914　《語言文字學辨偽集》編寫組，語言文字學辨偽集，北京：中國工人出版社，2004

3915　司馬朝軍，文獻辨偽學研究，武漢：武漢大學出版社，2008

3916　顧頡剛主編，古籍考辨叢刊（第二集），北京：社會科學文獻出版社，2009

3917　佟大群，清代文獻辨偽學研究，北京：人民出版社，2012

3918　陳福康，井中奇書新考，上海：上海外語教育出版社、上海交通大學出版社，2015

3919　司馬朝軍，《經解入門》整理與研究，武漢：武漢大學出版社，2017

3920　司馬朝軍主編，文獻辨偽新探，武漢：武漢大學出版社，2018

3921　司馬朝軍，《經史雜記》辨偽，武漢：武漢大學出版社，2018

3922　王獻松，《紅杏山房聞見隨筆》辨偽，武漢：武漢大學出版社，2018

3923　佟大群，民國文獻辨偽學研究，北京：中國社會科學出版社，2018

3924　朱志先，《千百年眼》校釋，武漢：武漢大學出版社，2018

作者索引

陳進國　1757

陳金信　3548

陳景聖　0750

陳久金　2046

陳君謀　2993

陳開瑀　2511

陳克明　1896

陳克正　1999

陳來　0730

陳力　1084；1093；3448

陳立柱　0284；0287

陳連慶　0619；1602；1786

陳良運　0146；0148；0149

陳良中　0349

陳遼　3077；3095；3210；3320

陳隆予　0282；0440

陳魯成　1589

陳茂同　0793

陳玫玲　3780

陳夢家　0199；0200；0241；0271

陳孟麟　2088

陳夢竹　1825

陳鳴　3298

陳茉　1759

陳槃　0371；3592

陳平平　1220

陳蒲清　0267；2100；2106

陳其泰　3538；3647

陳啓智　0095；1319

陳橋驛　1228

陳青榮　1881

馮禮貴　2027

馮麗娜　1366

馮良方　0464

馮寧衛　3348

馮其庸　3091

馮守衛　3355

馮鐵金　2940

馮小祿　2666

馮燕群　1005

馮怡青　0331

馮友蘭　0925；0939；1471；1541

馮玉濤　1016

福井康順　3405；3406

富世平　0698

付亞庶　1372

付燕　2980

傅剛　0576

傅斯年　1532

傅璇琮　2528

傅亞庶　1385；1386

傅再希　1997

傅兆寬　3467；3468

伏俊連　0887

伏俊璉　1052；1519

G

甘良勇　0724

甘孺　1285

干祖望　1992；2002；2003

高葆光　0660

高本漢　0747；3792

H

何敬群　0587；0781

何九盈　1010

何亮　2210

何林天　2634；2660

何啓民　1864

何勤華　1821

何清谷　1277

何蕊　3479

何世華　2630

何先　1495

何豔傑　0162

何楊　1869

何澤恒　0092；0093

何周　3776；3777

賀次君　1062

賀鋼　1860

賀凌虛　0608

賀雙非　0647；1237；1245

賀楊靈　2509

賀玉萍　2424

河北省文物研究所定州漢簡整理小組　1689；1690；1691

和中濬　1994

洪城　3099

洪成玉　0774

洪家義　0949

洪順隆　0777；0778

洪素野　2697

洪業　0586；0604；2213

洪湛侯　3810

洪作新　2376

侯會　3226；3241

李偉實　3204

李文波　0956

李文娟　2219

李文玲　0892

李曦　1794；1798

李西戎　2452

李先耕　2811

李賢平　3314

李小成　0172；1322

李小輝　3701

李曉黎　2719

李孝遷　3719；3725

李雄飛　2423

李欣復　0416

李新民　1378

李欣鑫　2881

李星可　0016；0017

李行之　1262

李秀蓮　1147

李軒　1740

李玄伯　3583

李學勤　0063；0064；0065；0077；0078；0079；0080；0081；0246；0262；
　　　　0305；0635；1127；1137；1500；1673；1687；1688；1692；1727；
　　　　1790；1791；2101；2206

李衍隆　1537

李陽春　3286

李揚眉　3672；3699

李耀南　1580；1583

李曄　0384

李毅夫　2474

李宜琛　0359

梁光華　0468

梁紅　1027

梁厚意　0679

梁家勉　2193

梁啓超　1454；2078；2508；3396；3409；3910

梁榮茂　1428；1438

梁容若　2668；3795

梁濤　0835；0931；0977

梁韋弦　0132

梁志成　2918

梁宗華　1244

廖煥超　0951；0952

廖建榮　2895

廖名春　0088；0091；0099；0113；0130；0261；0454；1295；1302；1304；
　　　1333；2321；2324；3568

廖群　1562

廖宗麟　1822

凌利中　2061

凌迅　1399

藺小英　1355

林分份　3684

林冠夫　3305

林圭　2070

林炯陽　0034

林其錟　2146；2147

林慶彰　0578；0579；0916；0984；2140；3443；3520；3524；3648；3649；
　　　3728；3911

林清科　2813

林同　3200

林尹　0609

林語堂　0748；3264

劉鴻雁　1028；1029

劉宏章　1879

劉化晶　2227

劉華亭　3231

劉慧儒　2574

劉繼才　2621

劉家和　0263

劉佳男　0841；0844；0851

劉劍康　1939

劉建國　0992；1746

劉建臻　0096；1287

劉節　0185；0760；1774

劉景超　2022

劉景雲　1952

劉娟　0569

劉鈞傑　3310

劉俊男　1128

劉君若　2823

劉開軍　3671；3746

劉開揚　2441

劉孔伏　2972

劉麗川　3312

劉莉莉　2576

劉俐娜　3624；3627

劉麗文　0829；0847

劉立志　0469

劉亮　2435

劉凌滄　2458

劉林鷹　1658

劉夢雪　0386

劉銘　3174；3245

劉明　2686

劉乃昌　2763

劉佩德　1660；1752

劉浦江　1146；1979

劉起釪　0222；0247；0251；0252；0253；0257；0260；0277；0588；0625；
　　　　3617；3632；3665

劉巧玲　1312

劉慶　1882

劉清於　1587

劉千惠　0737

劉群棟　1666；1709；1710；1713

劉人鵬　0255；0256；3498

劉汝霖　1845；3897

劉蕊　1739

劉掞藜　3578；3581

劉善哉　3491；3492；3493；3494；3495

劉尙榮　2707

劉生良　0455；0456

劉石　2708

劉世德　3205

劉世明　0346

劉師培　0127；0598；0744；0745；0746；1196

林世榮　0173

劉識文　3849

劉碩　2132

劉坦　1477

劉天振　3221

劉文斌　1416；1417

劉文忠　2596；2791

劉巍　1351；1352；1353

劉錫誠　3680

劉仲華　1105

劉仲平　1904

劉仲英　1840

劉仲宇　1762

劉振農　3001；3003

劉子立　2431

劉宗漢　0084

柳存仁　2988

柳士鎮　2186

龍珲　0700

龍文玲　2542

龍野　2182

龍宇純　1294

婁多梅　1250

路娟娟　3361

路新生　3541；3643

陸建華　1517

陸侃如　0013；0425；2285；2373

陸林　2558

陸懋德　0178；3588

陸平　1069

陸樹侖　3285

陸音　2274

逯宏　0476

逯欽立　2578

魯歌　3087；3088；3100；3101；3119；3120；3121；3160

魯洪生　0422

魯慧　2685

魯實先　1074

魯同群　2736

魯毅　3626

N

南錫憲　0683

勞幹　0197；0929；2212

勞思光　1492

內藤虎次郎　3899

能遲　2934

倪德衛　1108；1111

倪晉波　0134

聶建建　3785

聶麟梟　1569

聶巧平　2663

聶中慶　1513

寧稼雨　2433

寧鎮疆　0728；1337；1338；1701；3720；3882

牛鴻恩　0308；0809；0821；0826；0827；0836；1138

牛力達　1783

O

歐明俊　2529；2531

歐陽健　2990；3333；3377

歐陽縈雪　0909

P

潘重規　0860；1850

潘辰　1178

潘承玉　3142；3143；3150；3163；3165；3166；3167

潘俊傑　1733

潘猛補　2069

潘銘基　1749

潘秋平　1807

潘任　0882

潘慎　3141

唐弘嘉　1157

唐嘉弘　0795

唐蘭　1476；1679；1775；2269

唐啓翠　0652；0655

唐世貴　1265；1270

唐文播　1766

唐旭東　0335

唐元發　1131

唐鉞　2115；3801

唐志輝　1276

陶寶慶　3809

陶劍平　3276；3297

陶禮天　2869

陶敏　2255；2261；2628；2675

陶懋炳　3537

陶明月　2248

陶智　2434

滕福海　0526

滕興建　0337

田津生　0360

田君　0710

田良　0883

田旭東　3659

童力群　3364

佟大群　0907；3560；3869；3877；3886；3917；3923

仝衛敏　1836；1837；1839

仝晰綱　1887；1946

童書業　1197；3594

童子希　3779

涂全太　3321

涂以楠　0428；1401

退翁　2952

妥佳寧　3395

W

萬方　1985

萬聯眾　2783

萬群　1275

汪國林　2838

汪泓　2846

汪啓明　0631；3430；3431；3432

汪慶紅　1283

汪榮祖　2745；2943

汪儒靜　1590

汪紹楹　0918

汪受寬　1125

汪維輝　2188

汪吾金　3252

汪向榮　1218

汪馨　0881

汪吟龍　1307

汪湧豪　2845；2852

汪鈺　2401

王奧　1113

王保德　3485；3486；3487；3488；3489；3490；

王葆玹　1559

王保珍　2766

王斌　1975；1976

王伯虎　0803

王博凱　1448

王伯敏　2058

王波清　2928

楊帆　1815

楊芙蓉　2876

楊苩蓀　1865

楊光輝　2822

楊光皎　2253

楊果霖　3884

楊合林　0720

楊宏峰　2472；2473

楊鴻烈　3790

楊俊　3023；3024；3025；3026；3035

楊軍　1374

楊寬　2081；3608

楊麗圭　2739

楊鐮　2818

楊亮　2068

楊琳　1026；2327

楊柳岸　0314

楊倫　2266

楊孟晟　1656

楊明　1419；1568

楊明照　1577；2144；2150；2887

楊訥　2743；2746

楊鵬　3716

楊慶儀　1545

楊慶中　0110；3653

楊青　1895

楊榮國　1542

楊世文　0111

楊賽　2899

楊善群　0270；0301；0350；3501；3507；3508；3509；3510；3512；3514；
　　　3515；3516；3704；3842；3866

張雯虹　2426

張文靜　3737；3744

張文濤　1112

張熙侯　2658

張西堂　0853；1291；1292；1424；2134；3791

張曉兵　2598

張驍飛　3766

張小樂　3756；3767

張小蘋　0714；0722；1298

張小平　1296

張信　0975

張心澂　3900

張新民　1115；1318；2747

張秀琴　2059

張秀英　0556；0557；0558

張煦　1449

張煊　2080

張學波　0946

張學坡　0971

張學君　2093

張循　0347

張亞初　0618

張燕　3011；3012

張岩　0278；0303；0325

張嚴　0505；2884

張彥龍　1719

張耶　2467

張一庵　1481

張易克　0409

張以仁　0767；0800

張穎　3523

後 記

　　1998 年的秋天，我第二次來到珞珈山，從一個公務員變成了一個博士生，這無疑是我生命中的又一次重大轉折。早已厭倦了機關生活，我又回到嚮往已久的學術生活軌道。在珞珈山麓，因曹之先生的援引，我開始了文獻學的研習與四庫學的拓展，夜以繼日，苦苦探索。在珞珈山麓的簡陋宿舍中，在獅子山頂的古樸書室裏，我不知疲倦地撲在書本上，像一個飢餓的漢子見到了滿桌的盛宴，像一個饑渴至極的旅客找到了荒漠甘泉。

　　曹之先生當時如日中天，他早已以《中國古籍版本學》《印刷術的起源》兩部書奠定了學術地位，《中國古籍編撰史》甫一問世，也得到學界的肯定，他正沉浸在「中國圖書文化史」的宏大構思之中。我是曹門第一個博士生，也得到他格外的關注。曹師命我聚焦《四庫全書總目》，從文獻學的角度挖掘其豐富內涵。這本是他的計劃中的一部分，我很榮幸地成爲「革命軍中馬前卒」。《四庫全書總目》規模宏大，且與《四庫全書》密切相關，一般人不敢問津，也決不會將它作爲博士論文題目。曹師好像用金箍棒在地上畫了一道圓圈，把我牢牢地圈在了這個圈內。

　　這個圈其實是一個很大的圈，內有分類學、目錄學、版本學、校勘學、辨僞學、輯佚學、編纂學、考據學、詮釋學等。當時我野心很大，也只有這種大題目才比較符合我的胃口。我不喜歡小打小鬧，要幹就幹他個轟轟烈烈。三年的辛勤耕耘，終於完成了博士論文《四庫全書總目研究》。

　　在涉足了文獻學的各個分支學科之後，我發現辨僞學別有洞天，是一個值得繼續探索的神秘世界。我在進入復旦大學博士後流動站之初，本來是想做辨僞學的研究，萬萬沒有想到，在開題會上，王水照等先生提出了異議，

朱維錚先生更是明確否定明代以前有辨僞學，當時年輕氣盛，頗爲不服，多年之後才眞正領會老先生們的苦心，在短短兩年時間內，絕對難以完成如此巨大的課題。我自博後出站之後繼續做辨僞，撰寫了系列論文，也完成了若干專題研究，不久得到學院資助，形勢逼迫之下匆匆忙忙推出了一本專題論文集《文獻辨僞學研究》。

　　20 年間，我先後出版了幾十冊圖書，不少成了高頻引用之作，影響遍及文史哲圖諸學科領域。但《文獻辨僞學研究》是令我後悔莫及的一部書，本來這是一本專題論文集，出版社當時勒令我改裝成專著。這種「僞裝體」當時是一個流行病，好像論文集的價值不及專著，這種違反國際常識的做法現在成了笑話，但當時確實是一種普遍現象。臺灣學者不瞭解內地情況，就以專著的標準批評我。雖說批評的「火氣太大」（林慶彰先生語），我也默默承受。《文獻辨僞學研究》書後附錄了一個辨僞書目索引，出現了一些低級錯誤，出版前未能消滅在萌芽狀態，出版後也讓我無地自容。林慶彰等先生曾經諄諄告誡我不要急於出書，當時這本書確實出得「多快好省」。此次已經一一訂正訛誤，藉此獨立成書之機謹致歉意。

司馬朝軍

2018 年 2 月 26 日記於上海文淙閣

2019 年 4 月 15 日修改於上海國年路